DK | Penguin Random House

Written by Dawn Sirett
Illustrated by Rachael Hare, Louise Dick, Karen Hood,
Kitty Glavin, Victoria Palastanga, Kate Bull, Anna Kluska
Educational Consultant Penny Coltman
Designed by Rachael Hare, Louise Dick, Karen Hood,
Charlotte Bull, Polly Appleton, Victoria Palastanga, Claire Patane
Additional Editorial Work Sally Beets
Additional Design Work Jaileen Kaur,
Rajesh Singh Adhikari, Rajdeep Singh
Managing Editor Penny Smith
Managing Art Editor Mabel Chan
Producer, Pre-production Nadine King
Producer Inderjit Bhullar

First published in Great Britain in 2018 by
Dorling Kindersley Limited
80 Strand, London, WC2R 0RL

Copyright © 2018 Dorling Kindersley Limited
A Penguin Random House Company
10 9 8 7 6 5
011–308474–Sep/2018

Page 7 contains public sector information licensed under the Open
Government Licence v3.0. 100 high-frequency words in order:
Tables from: Masterson, J., Stuart, M., Dixon, M. and Lovejoy,
S. (2003) Children's Printed Word Database: Economic and
Social Research Council funded project, R00023406.
Letters and Sounds: Principles and Practice of
High Quality Phonics Primary **National Strategy**.
00281-2007BKT-EN © Crown copyright 2007

A CIP catalogue record for this book
is available from the British Library.
ISBN: 978–0–2413–1953–6

Printed and bound in China

A WORLD OF IDEAS:
SEE ALL THERE IS TO KNOW

www.dk.com

1000 useful WORDS

tweet! tweet!

Some useful words for parents

This book can be used with children who have not yet learnt to read and with beginner readers. Each picture-packed page is fun to read together, and a great way to help children's language and literacy skills.

Picture-and-word pages

Most of this book is made up of picture-and-word pages filled with nouns, plus some verbs and adjectives. These pages help broaden your child's vocabulary and knowledge.

Story pages

There are also five simple stories to read that introduce more useful words, put words into context, and help sentence writing and story writing skills.

How to help your child get the most out of this book

All the pages in this book offer lots of opportunities for talking and learning. Enjoy exploring and chatting about them together. Point out things your child likes. For instance, you could say, "Look, there's a tiger! Can you roar like a tiger?" or "Which fruit do you like?"

Go at your child's pace. Let her take the lead and turn the pages. Stop if she is tired, and return to the book another time.

For children who are not yet reading

Point to the pictures as you read the words and sentences to help them identify things, and to show how the pictures and words are connected.

For children who are beginning to read

As they read, or as you read together, point to the words, or encourage them to point, to help their letter and word recognition.

Following the stories

Pre-readers and beginner readers can follow the stories by running a finger along the dotted lines. This helps their fine motor skills, too.

"Can you find?" games and simple questions

There are "Can you find?" games and simple questions on the picture-and-word pages that encourage learning. Your child may need help with these, or he may like you to join in and answer with him.

Most importantly, follow your child's interests, talk about things you know he enjoys, give lots of praise as he answers the questions, and have fun!

A note about high frequency words

High frequency words are words that occur most often in books and other writing. Many are not nouns, verbs, or adjectives, but they are useful words such as "the", "and", "it", "I", and so on.

When children begin to read at school, they learn high frequency words because these words will help them make sense of a sentence. As quite a few can't be sounded out, children practise learning them by sight.

This book contains some high frequency words, particularly in the question text and story pages. A complete list of the first 100 high frequency words from the *Primary National Strategy* is below. The 100 words are in frequency order.

the	are	do	about
and	up	me	got
a	had	down	their
to	my	dad	people
said	her	big	your
in	what	when	put
he	there	it's	could
I	out	see	house
of	this	looked	old
it	have	very	too
was	went	look	by
you	be	don't	day
they	like	come	made
on	some	will	time
she	so	into	I'm
is	not	back	if
for	then	from	help
at	were	children	Mrs
his	go	him	called
but	little	Mr	here
that	as	get	off
with	no	just	asked
all	mum	now	saw
we	one	came	make
can	them	oh	an

List from: Masterson, J., Stuart, M., Dixon, M. and Lovejoy, S. (2003) Children's Printed Word Database: Economic and Social Research Council funded project, R00023406. *Letters and Sounds, Primary National Strategy*.

Contents

Me and my body — 8
My family and friends — 10
Things to wear — 12
Food and drink — 14
Story: All in a day — 16
Around the house — 18
Toys and playtime — 20
In the kitchen — 22
Favourite pets — 24
Story: Tink's story — 25
In the garden — 26
Describing people — 28
In the countryside — 30
In the city — 32
Story: Let's play school — 34
Around the farm — 36
Animals in the wild — 38
River, lake, and sea animals — 40
Full speed ahead! — 42
Story: Where shall we go? — 44
Noisy words! Noisy animal words! — 46
What people do — 48
All sorts of places — 50
Colours, shapes, and numbers — 52
Time, seasons, and weather — 54
Story time — 56
Story: Let's make up a story — 58
Wonderful words! — 60
Acknowledgements — 61

Me and my body

What colour are your **eyes**?
Is your **hair** long or short?

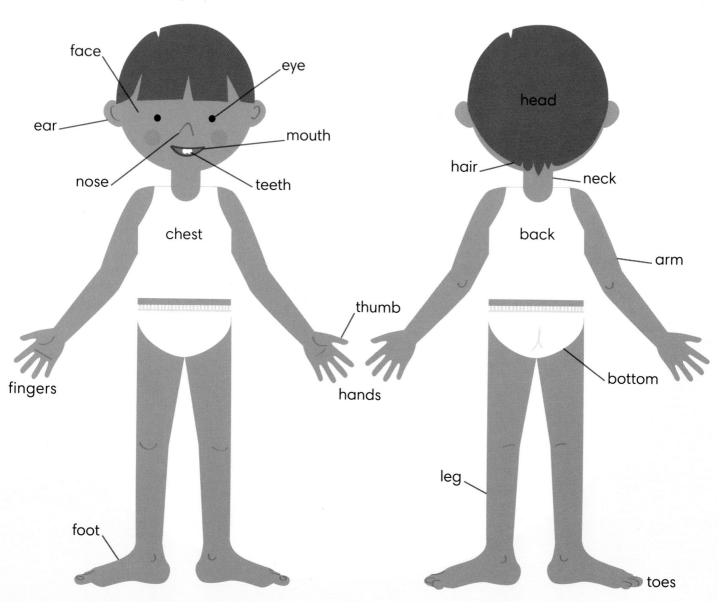

face

eye

ear

mouth

nose

teeth

chest

head

hair

neck

back

arm

thumb

fingers

hands

bottom

leg

foot

toes

Taking care of myself

hairbrush

soap

shampoo

sun cream

toothbrush

tissues
(for blowing
my nose!)

Things I do

I can...

sit

stand

walk

chatter! chatter!

talk

listen

laugh

jump

dance

roll

stretch

balance

bend

stamp

clap

wave

hee! hee!

My senses

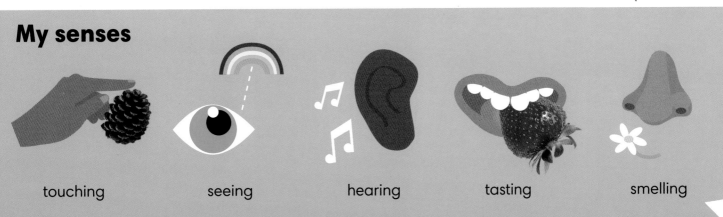

touching

seeing

hearing

tasting

smelling

9

My family and friends

There are all kinds of **families**...

I **love** my family.

I **look after** my little brother.

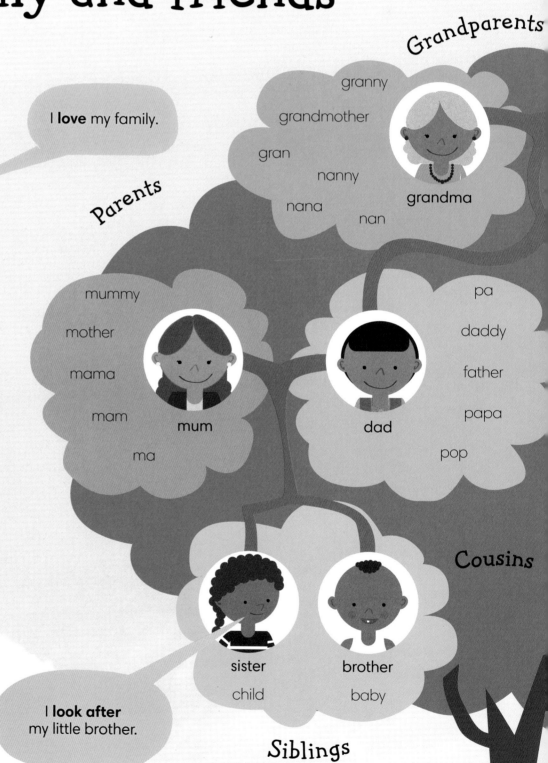

Grandparents

granny
grandmother
gran
nanny
nana
nan
grandma

Parents

mummy
mother
mama
mam
ma
mum

pa
daddy
father
papa
pop
dad

Cousins

sister
child

brother
baby

Siblings

Who is the **oldest** person in your family?

grandad

grandfather

grandpop

gramps

grandpa

aunt

auntie

uncle

son

nephew

son

nephew

daughter

niece

Children

pets

rabbit   cat   dog

I **love** my friends.

friends

twins

Who is the **youngest**?

Things to wear

T-shirt

vest

socks

tights

pants

jeans

skirt

shorts

jumper

sun hat

watch

slippers

wellies

gloves

woolly hat

scarf

trainers

shoes

woolly hat

scarf

snowflake

Look at all the things **hanging** on the **lines**. Choose something to wear on a **cold** day and...

12

button

jacket

umbrella

fleece

dress

trousers

pyjama top

swimming trunks

swimsuit

goggles

bag

pyjama bottoms

necklace

purse

baseball cap

bicycle helmet

rucksack

belt

buckle

zip

dressing-up clothes

sandals

hair bow

hairslide

something to wear on a hot day.

sunglasses

sun

Food and drink

What **vegetables** have you eaten today?

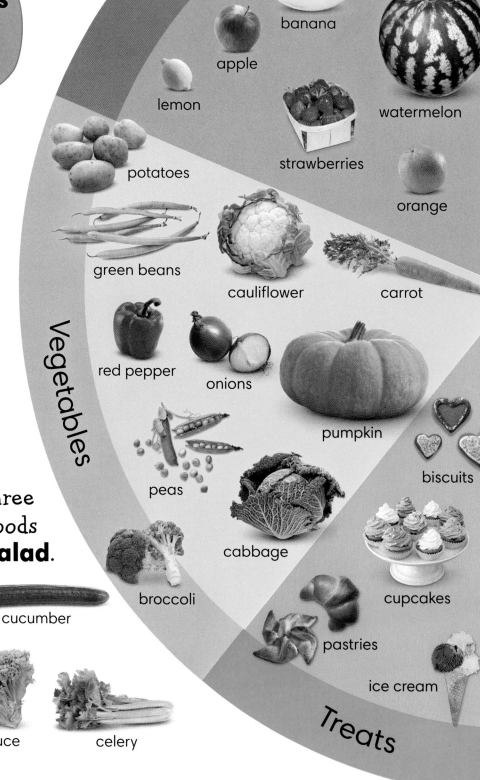

Fruit

grapes

pineapple

banana

apple

lemon

strawberries

watermelon

orange

potatoes

green beans

cauliflower

carrot

Vegetables

red pepper

onions

pumpkin

peas

cabbage

broccoli

biscuits

cupcakes

pastries

ice cream

Treats

Choose three of these foods to make a **salad**.

tomato

cucumber

olives

lettuce

celery

14

cheese

In the fridge

chicken

eggs

butter

fish

sausages

rice

cereal

yoghurt

honey

bread

flour

noodles

pasta

oil

sugar

tea

nuts

In the food cupboard

coffee

milk

spices

juice

water

Drinks

Choose one of these foods to make for **lunch**.

hamburger

sandwich

omelette

pizza

Find something healthy for your **snack box**.

15

All in a day

alarm clock

morning

bedside table

bed

Jack wakes up at **8 o'clock**.

Jack eats some **porridge** and a **banana** for **breakfast**.

breakfast time

toy carrot

porridge

banana

His **toy rabbit** has **food**, too!

cap

jacket

T-shirt

shorts

scarf

socks

trainers

Then **Jack gets dressed.**

What might **Jack** and his **rabbit** do during the **day**?
You choose…

trains

flag

den

Do they **play** with the **trains** in the **morning**…

or do they **scoot** in the **park**?

scooter

Do they **build** a **den** in the **afternoon**…

cake

or do they **bake** a **cake**?

night-time

bath time

At the end of the **day**, it's time for a **bath**. Then it's **bedtime**.

bath

bedtime cuddle

pyjamas

Jack and his **rabbit** both like a **bedtime cuddle**.

slippers

17

Around the house

Find five **teddy bears**.

bedroom

pillow

bed

alarm clock

lamp

curtain

wardrobe

window

books

floor

bedside table

mat

beanbag

toys

kitchen

cupboards

clock

phone

cooker

washing machine

fridge

table

chair

Choose a **cosy place** to read a book.

chimney

roof

bathroom

light

mirror

tap

towel

toilet
roll

shower

bath

sink

toilet

living room

door

picture

cushion

television

pot
plant

side table

sofa

bookcase

doormat

steps

Toys and playtime

Which toy has a **long**, **spiky tail** and which one has **big, soft ears**?

tiara

firefighter helmet

balloons

kite

teepee

princess costume

firefighter costume

ball

doll

toy box

tambourine

train

train set

train track

doll's house

rocking horse

marbles

fire engine

20

building blocks

drumstick
drum

tea set

jigsaw puzzle

modelling clay

bath duck

robot

spinning top

dinosaurs

trumpet

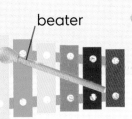
beater
xylophone

rabbit

car

teddy bear

pencils

pens

paper

paintbrushes

paints

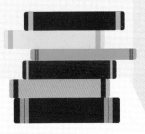
books

I can...

read a book

draw pictures

play with a toy

dress up

play music

In the kitchen

scales

storage jars

rolling pin

tap

vegetable peeler

chopsticks

kettle

washing-up liquid

fork

plate

sink

knife

spoon

washing-up sponges

tea towel

colander

cereal bowl

mop

bucket

dustpan and brush

cake tin

sieve

22

cup and saucer

glass jug

wooden
spoon

whisk

herbs

sharp knife

chopping board

mug

toaster

frying pan

mixing bowl

grater saucepan cookie cutters

In the kitchen we...

prepare food

cook meals

bake cakes
and treats

wash up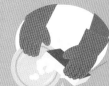

clean

lay the table

eat

drink

Find something **spotty**
and something **stripy**.

23

Favourite pets

Which **pet** would you like to **look after**?

budgie

birdcage

goldfish

fish tank

hamster wheel

hamster

hamster cage

collar

pet carrier

cat

dog

puppy

guinea pig

hutch

dog bed

rabbit

spinach leaves

dog bowl

toy bone

hay

toy mouse

kitten

cat bowl

lead

Tink's story

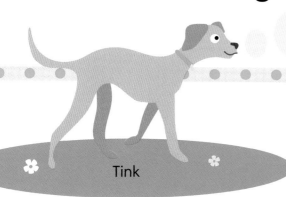

Tink

I'm a **dog** called **Tink**. I love chasing my **bouncy ball**.

Where has it gone?

bouncy

ball

Is it **by** the **sleepy cat**?

sleepy cat

Is it **on top** of the **hutch**?

rabbit hutch

rabbit

Is it **in** the **sandpit**?

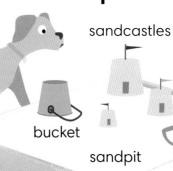

sandcastles

bucket

sandpit

spade

bench

Is it **under** the **bench**? Yes!

ball

happy Tink!

friendly pup

Woof! Woof! Look who's come to play **ball** with me.

In the garden

fence

shed

snail

branch

bird house

bird

bush

tree trunk

hose

broom

lawn

petal

wheelbarrow

bee

ladybird

watering can

leaf

lawnmower

roses

trowel

spider

fly

gardening gloves

bulbs

26

web

rosebud

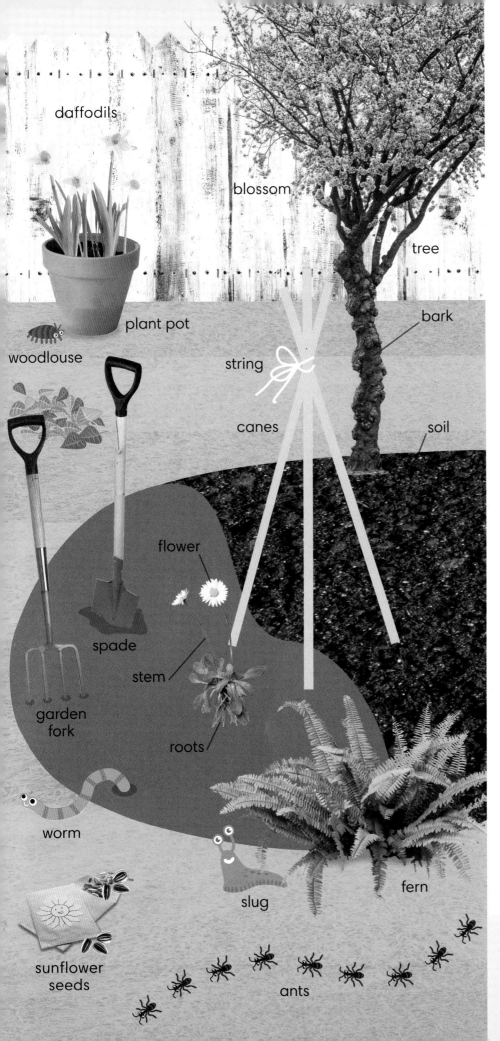

daffodils

blossom

tree

plant pot

bark

woodlouse

string

canes

soil

flower

spade

stem

garden fork

roots

worm

slug

fern

sunflower seeds

ants

dig soil

plant seeds and flowers

water the plants

mow the lawn

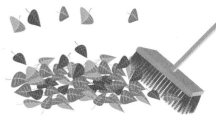

sweep up leaves

Which garden creature has **eight legs**?

27

Describing people

young people

baby
toddler

child
boy

kid
girl

adolescent
teenager

grown-ups

adult
man

adult
woman

adult
old person

Eyes can be...

grey

brown

green

blue

hazel

Hair can be...

bald
gone!

fair
short

blonde
straight

brown
curly

light
brown
spiky

red
auburn
long

dark
brown

grey
wavy

*Choose some words to describe your **hair**.*

28

In the countryside

birds

walkers

mountain bikers

footpath

gate

hedge

tent

fox

camper

burrow

sticks

bee's nest

Campsite

flowers

kayak

bee

dragonfly

bud

eggs

pine cone

conkers

wild mushroom

tadpole

What contains the **seed** of an **oak tree**?

cloud

sky

sun

mountain

bird of prey

climber

hill

waterfall

trees

bird's nest

hare

bridge

stream

squirrel

river

wasp

eggs

caterpillar

chrysalis

butterfly

frog

grass

acorn

froglet

soil

What does a tadpole turn into?

31

In the city

Choose a place you would like to **visit**.

fountain

veterinary surgery

theatre

cinema

take-away restaurant

shopping centre

bakery

shoppers

market

synagogue

building site

police station

doctor's surgery

bank

hospital

restaurant

museum

butcher

dentist

greengrocer

road

taxi

bench

beach

car park

temple

airport

runway

supermarket

library

bouncy castle

slide

swing

underground station

town hall

statue

park

church

mosque

skyscraper

school

bridge

café

block of flats

toy shop

sweet shop

optician

houses

pavement

bus stop

Where could you go for some **food**?

33

Let's play school

Little Ted walks to **school** with her **dad**.

Her **teacher** smiles and says **hello**

Hello

Dad

Little Ted

hooks

Little Ted

school rucksack

coat

teacher

Little Ted hangs up her **coat** and **school rucksack**.

song time

drum

triangle

Everyone sings a **good morning song**.

34

reading   letters

writing

Then it's time for
reading and **writing**.

After that, **Little Ted** paints a **picture**.

picture

painting

easel

numbers

computer

desk

After **playtime**, **Little Ted**
does **number work**.

Next it's **playtime**.

skipping

hopscotch game

friends

Little Ted

Then it's time to go **home**.
Little Ted has made some **friends**.

teacher

Bye-bye

35

Around the farm

crow

fence

tractor with plough

farmer

soil

sheep

lambs

barn

fields

mer

sheepdog

turkey

turkey chick

tractor

owlet

wl

chicken coop

stable

chicks

hen

peacock

donkey

horse

eggs

cockerel

foal

hay

farmer

Let's name all the **baby animals** we can see.

wild rabbits

Find three **farmers**.

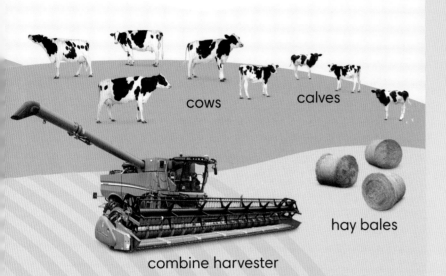

cows

calves

combine harvester

hay bales

pigsty

piglets

pigs

mud

kids

goats

goose

ducks

gosling

ducklings

bees

blackbird

beehive

rice plants

olives

corn

wheat

apples

pears

coffee beans

tea plants

pineapples

bananas

37

Animals in the wild

giraffe

seagull

chimpanzee

parrot

deer

lion cubs

lion

rhinoceros

elephant

kiwi

jaguar

camel

elephant calf

tortoise

hippopotamus

zebra

panda cub

mouse

zebra foal

Choose your favourite **furry animal** and...

eagle

bat

snake

koala

monkey

moth

gorilla

cheetah

bear cub

spider

lizard

bear

joey

ostrich

tiger

flamingo

kangaroo

tiger cub

frog

wolf

leopard

cricket

your favourite
feathery animal.

beetle

39

River and lake animals

frog

otter

mallard ducks

swans and cygnets

beaver

water vole

pond snail

Find some animals with scales and...

Sea animals

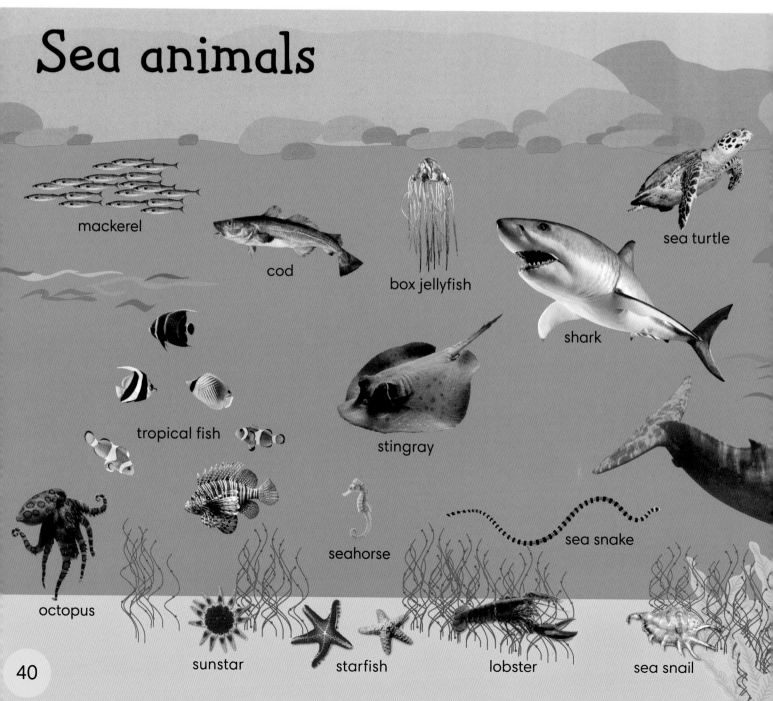

mackerel

cod

box jellyfish

sea turtle

tropical fish

stingray

shark

octopus

seahorse

sea snake

sunstar

starfish

lobster

sea snail

40

newt

alligator

crocodile

freshwater crab

crayfish

carp

fry

adult trout

eggs

a word for a **baby fish**.

penguin

sea lion

seal

orca

dolphin

beluga whale

blue whale

clam

razor clams

shrimp

saltwater crab

Full speed ahead!

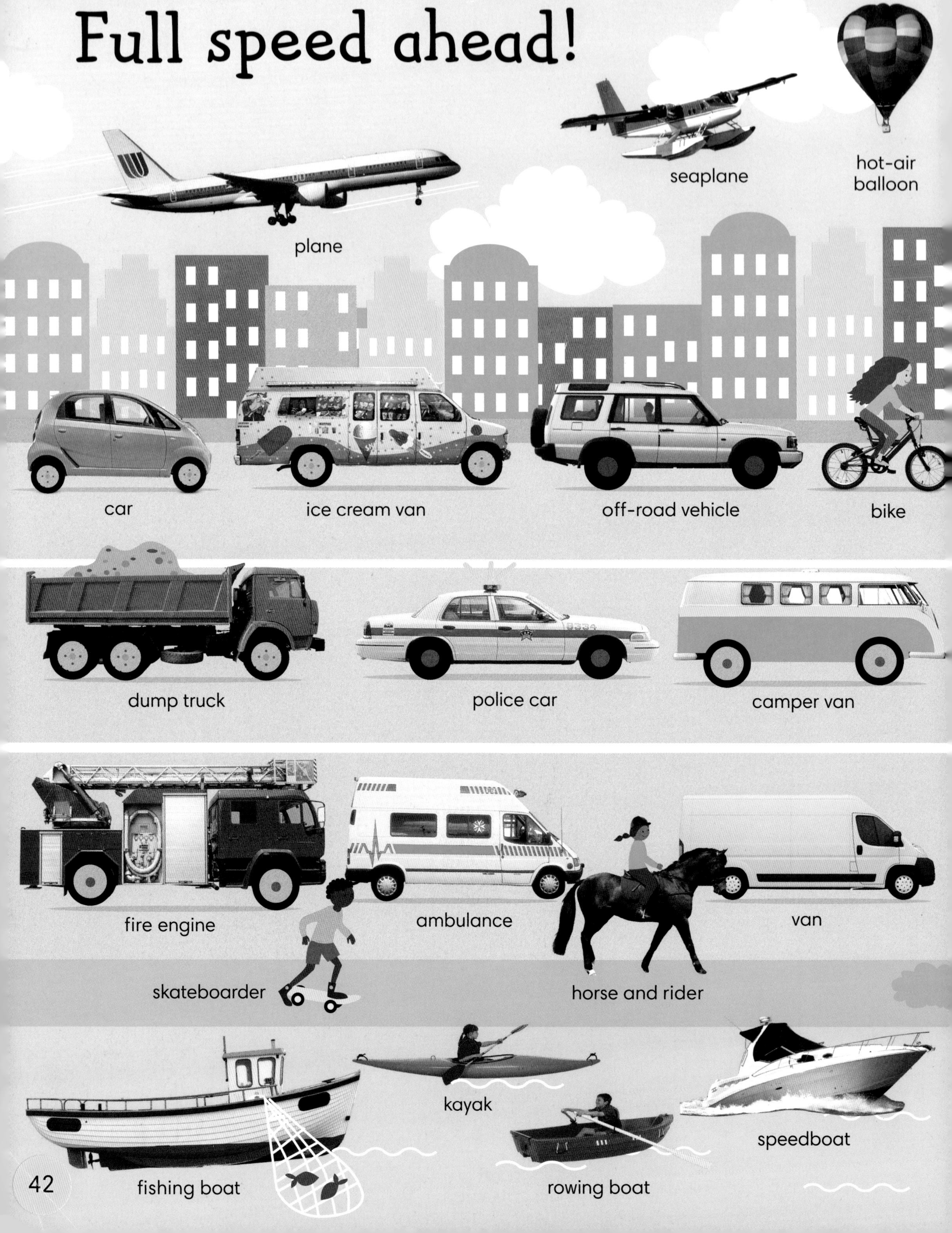

seaplane

hot-air balloon

plane

car

ice cream van

off-road vehicle

bike

dump truck

police car

camper van

fire engine

skateboarder

ambulance

horse and rider

van

kayak

speedboat

fishing boat

rowing boat

Shall we **drive**, shall we **fly**, shall we **float** in a boat? Choose a **vehicle** you would like to **travel** in.

biplane

rescue helicopter

glider

rubbish truck

motorcycle

train

racing car

tractor

lorry

digger

concrete mixer

coach

motor scooter

runner

scooter rider

rescue boat

sailing boat

ferry

43

Where shall we go?

luggage

taxi

home

Daisy and **Joe** are going on a trip to **Grandma's** house.

They set off in a **taxi**...

to the **train station**.

Grandma's house

train station

train

then arrive at **Grandma's**.

What places might **Daisy** and **Joe** visit with **Grandma**? You choose.

(Look on the next page.)

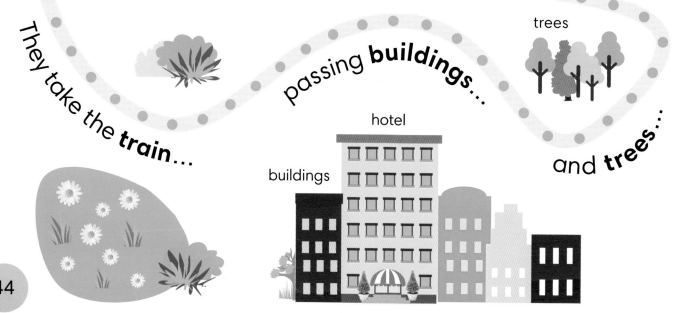

They take the **train**...

passing **buildings**...

trees

hotel

buildings

and **trees**...

swimming pool

funfair

zoo

duck pond

aquarium

Noisy words!

Noisy animal words!

What people do

What **job** would you like to do?

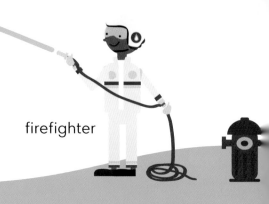
firefighter

doctor

nurse

fashion designer

singer

scientist

musician

dentist

DJ (disc jockey)

artist

hairdresser

actor

astronaut

builder

teacher

librarian

pilot

vet

film director

footballer

chef

soldier

lawyer

athlete

dancer

police officer

childminder

tennis player

engineer

prime minister

writer

Some hobbies

gymnastics

martial arts

music

dancing

swimming

All sorts of places

Moon

comet

Cold place

igloo

ice fishing

polar bear

Imagine you are on an **adventure**.

Where will you **go**?

Savannah

lions

grasses

antelope

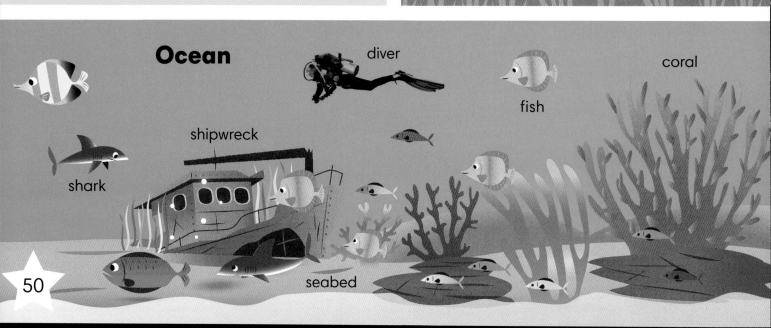

Ocean

diver

coral

fish

shipwreck

shark

seabed

stars

Sun

space shuttle

Space

rocket

Earth

Desert

camel

scorpion

cactus

tree

parrot

tarantula

web

Rainforest

Some land and shore features

mountains

valley

lake

island

volcano

beach

cliff

estuary

Colours, shapes, and numbers

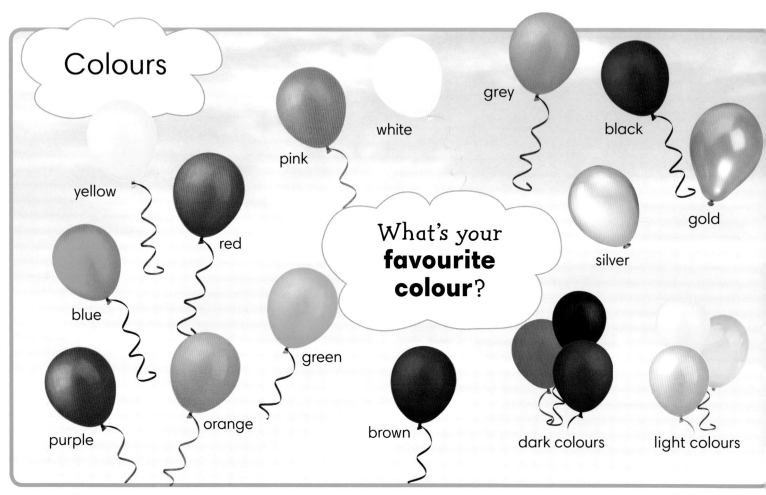

Colours

yellow

pink

white

grey

black

gold

red

silver

blue

What's your favourite colour?

green

purple

orange

brown

dark colours

light colours

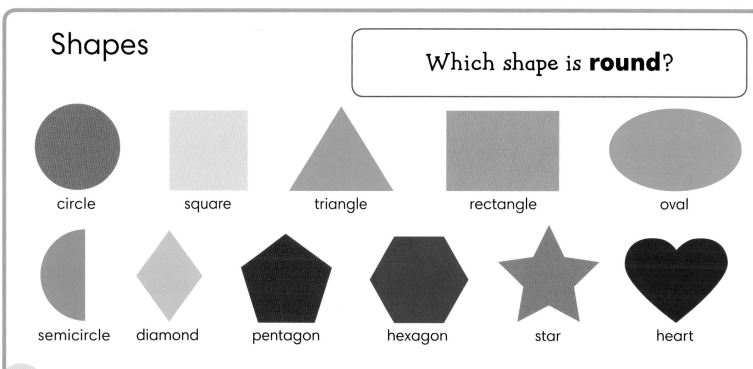

Shapes

Which shape is **round**?

circle

square

triangle

rectangle

oval

semicircle

diamond

pentagon

hexagon

star

heart

Numbers

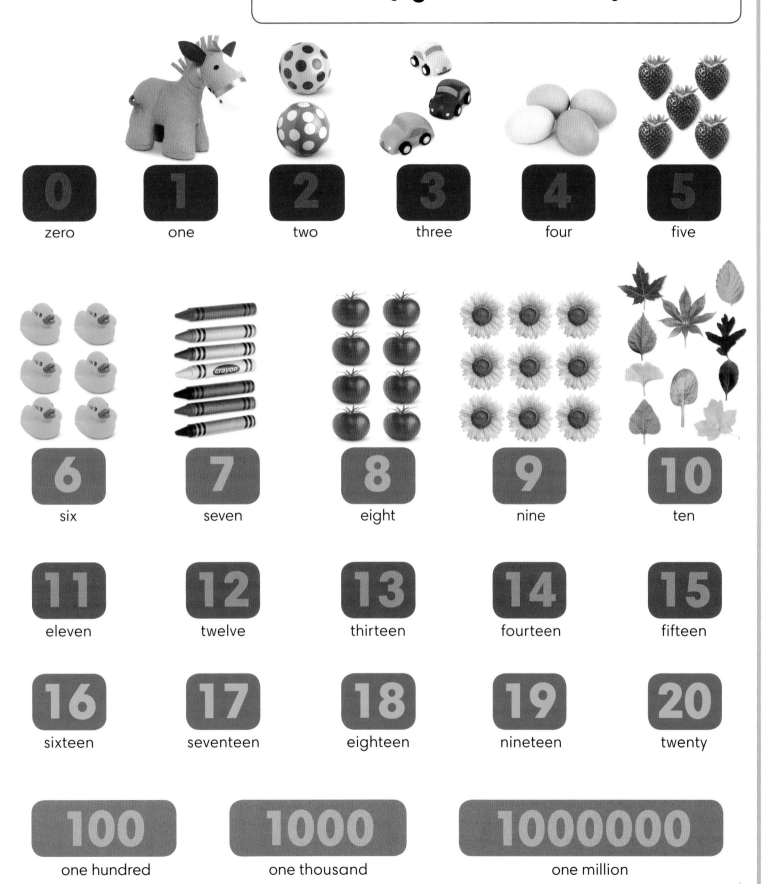

0 zero

1 one

2 two

3 three

4 four

5 five

6 six

7 seven

8 eight

9 nine

10 ten

11 eleven

12 twelve

13 thirteen

14 fourteen

15 fifteen

16 sixteen

17 seventeen

18 eighteen

19 nineteen

20 twenty

100 one hundred

1000 one thousand

1000000 one million

53

Time, seasons, and weather

daytime   night-time

Days

Monday

Tuesday

Wednesday

Thursday

Friday

Saturday

Sunday

Months

January

February

March

April

May

June

July

August

September

October

November

December

Seasons

Spring

Summer

Autumn

Winter

What **month** is your **birthday**?

Some celebrations

Birthdays

Eid

Diwali

Christmas

Hanukkah

Chinese New Year

Weather

hot

sunny

cold

snowy

wet

rainy

dry

blue skies

rainbow

puddles

thunder and lightning

stormy

cloudy

breezy

windy

hail

foggy

frosty

icy

blizzard

What's the **weather** like today?

Story time

fairy

unicorn

witch's cat

witch

fairy godmother

alien

broomstick

crown

palace

servant

cauldron

princess

prince

queen

king

toad

mouse

glass slipper

horse and carriage

wand

wolf

explorer

beast

wizard

superhero

cave

bad guy

Who rides a **broomstick**? Who wears a **crown**?

giant

genie

lamp

monster

magic carpet

castle

ghost

armour

sword

knight

shield

dragon

tower

spy

dinosaur

pirate

parrot

pirate ship

treasure

beanstalk

mermaid

coins

treasure chest

57

Let's make up a story

The beginning
Once upon a time...
(now choose a character)

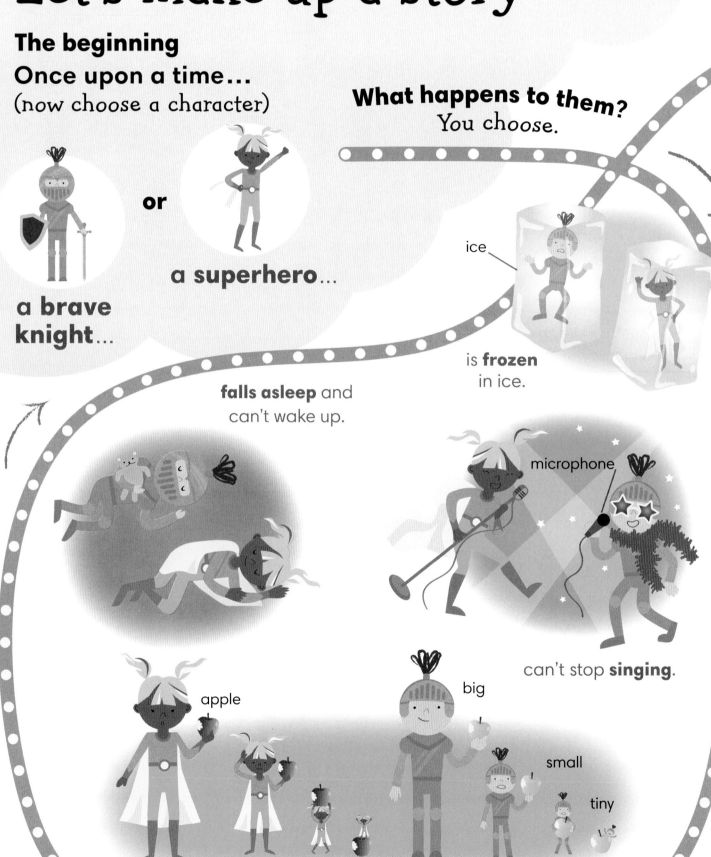

or

a **superhero**...

a **brave knight**...

What happens to them?
You choose.

ice — is **frozen** in ice.

falls asleep and can't wake up.

microphone

can't stop **singing**.

apple

big

small

tiny

eats an apple and **shrinks**.

Who do they meet?
You choose. Along comes...

a **helpful robot**.

a **kind witch**.

rebooting machine

What happens next?

The robot's **rebooting machine** puts everything right.

wand

spell book

A **magic spell** puts everything right.

How does it end?

magical palace

happy friends

They live **happily ever after** in a **magical palace** with all their friends.

Wonderful words!

Have you ever **wondered**...

what words are?

We hear words as **sounds.**

hello!

We write them using **symbols.**

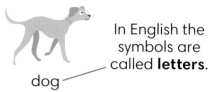

dog

In English the symbols are called **letters.**

what words are for?

All words **mean** something.

apple

Apple means a crunchy, juicy fruit that's round and grows on a tree.

what words do?

Words do **different jobs** in a sentence.

Words that **name** things are called **nouns.**

Can you find these **nouns** in this book?

girl

tractor

moth

toad

ice cream

Words that tell you what something is **doing** are called **verbs.**

Can you find these **verbs** in this book?

 walk

 draw

 seeing

 skipping

 tasting

Words that **describe** what something is like are called **adjectives.**

Can you find these **adjectives** in this book?

 wet

 curly

 strong

 happy

bouncy

Acknowledgements

The publisher would like to thank the following for their kind permission to reproduce their photographs:

(Key: a=above; b=below/bottom; c=centre; f=far; l=left; r=right; t=top)

5 Dreamstime.com: Mikelane45 (clb). 6 123RF.com: Rawan Hussein | designsstock (fclb/ice cream, fcr); Sataporn Jiwjalaen (ca); Ruslan Iefremov / Ruslaniefremov (fcra). Dorling Kindersley: Natural History Museum, London (fcl/butterfly); Tata Motors (fcla, fbl/Nano); Gary Ombler / Lister Wilder (clb). Dreamstime.com: Jessamine (fbl, crb). 7 Dorling Kindersley: Natural History Museum, London (fclb); Tata Motors (bc). 8 123RF.com: 6440925 (fbl); Belchonock (bc/Sun screen); Pixelrobot (fbr); Kornienko (bc). Dreamstime.com: Georgii Dolgykh / Gdolgikh (br). 10 123RF.com: Piotr Pawinski / ppart (fcla/Green, fcl/Red, fclb/Brown, fclb/Purple). 10–11 Dreamstime.com: Fibobjects (b/Flowers). 11 123RF.com: Piotr Pawinski / ppart (tr/Grey, cr/Blue). Dreamstime.com: Piyagoon (crb). Fotolia: Fotojagodka (tr/Cat). 12 123RF.com: Murali Nath / muralinathypr (clb); Punkbarby (fcl). Dreamstime.com: Milos Tasic / Tale (clb/Sport Shoes). 13 123RF.com: Burnel1 (tc); Natthawut Panyosaeng / aopsan (ca); Sataporn Jiwjalaen (bc). Dreamstime.com: Chiyacat (cra). iStockphoto.com: Tarzhanova (fcra). 14 123RF.com: Angelstorm (cra/Strawberries); Rose-Marie Henriksson / rosemhenri (fcrb/Cupcakes); Belchonock (bc/Celery). Dreamstime.com: Tracy Decourcy / Rimglow (fcr/Carrot); Leszek Ogrodnik / Lehu (cra/Apple, fcra/Orange, c/Red Pepper, cb/Broccoli, crb/Cabbage); Elena Schweitzer / Egal (cra/Cauliflower, bc/Lettuce); Grafner (br). 15 123RF.com: Karammiri (clb); Utima (bl). Alamy Stock Photo: Peter Vrabel (br). Dreamstime.com: Denlarkin (fclb); Tarapatta (ca); Pogonici (crb/Yogurt). 17 123RF.com: Evgeny Karandaev (tl). 18 123RF.com: Andriy Popov (cb). 18–19 Dreamstime.com: Hai Huy Ton That / Huytonthat (b). 19 Dreamstime.com: Jamie Cross (crb); Svetlana Voronina (ca); Kettaphoto (clb). 20 Dreamstime.com: Stephanie Frey (cr); Thomas Perkins / Perkmeup (crb). 21 123RF.com: Birgit Korber / 2005kbphotodesign (c). Dorling Kindersley: Toymaker, Jomanda (fcr). Dreamstime.com: Thomas Perkins / Perkmeup (fbr). 24 Dreamstime.com: Photka (br). 26–27 123RF.com: Leo Lintang (t). Dreamstime.com: Hai Huy Ton That / Huytonthat. 26 123RF.com: Dmitriy Syechin / alexan66 (clb, bl); Singkam Chanteb (ca). Dreamstime.com: Aprescindere (bc, bc/Rose); Fibobjects (cra); Aleksandar Jocic (cra); Danny Smythe / Rimglow (crb). AA Photolibrary: Stockbyte (bl). 27 123RF.com: Lev Kropotov (tc); Keatanan Viya (cb). Dreamstime.com: Andreykuzmin (cl); Andrzej Tokarski (cl). 30 123RF.com: Sergey Kolesnikov (cb); Oksana Tkachuk / ksena32 (clb). Dreamstime.com: Steve Allen / Mrallen (cra/Kelp Gull); Liligraphie (cra); Sergey Uryadnikov / Surz01 (tr); N Van D / Nataliavand (clb/Poppy); Isselee (br). 30–31 Fotolia: Malbert. iStockphoto.com: T_Kimura (t). 31 123RF.com: Oksana Tkachuk / ksena32 (cla, cb). Dreamstime.com: Stephanie Frey (cra); N Van D / Nataliavand (cl, c, clb); Stevenrussellsmithphotos (crb). iStockphoto.com: Aluxum (clb/Frog). 36 123RF.com: BenFoto (crb/Peacock); Ron Rowan / framed1 (br, br/Rabbit). Dorling Kindersley: Philip Dowell (cla, cla/Sheep). Dreamstime.com: Anagram1 (tr); Eric Isselee (clb); Jessamine (cb); Oleksandr Lytvynenko / Voren1 (cb/Chicken); Goce Risteski (ca); Photobac (crb). 37 123RF.com: Eric Isselee / isselee (cla); Eric Isselee / isselee (cla/Veal); Alexey Zarodov / Rihardzz (cra/haystack). Dorling Kindersley: Alan Buckingham (cr); Doubleday Swineshead Depot (ca/Combine Harvester). Dreamstime.com: Eric Isselee (cla/cow); Eric Isselee (c); Yphotoland (crb); Just_Regress (cra); Damian Palus (ca). Fotolia: Eric Isselee (ca/cow). Getty Images: Dougal Waters / Photographer's Choice RF (br). 38 123RF.com: Duncan Noakes (cl); Andrejs Pidjass / NejroN (tc); Ana Vasileva / ABV (c). Dorling Kindersley: Andrew Beckett (Illustration Ltd) (cr); British Wildlife Centre, Surrey, UK (cra/Deer). Dreamstime.com: Justin Black / Jblackstock (br); Eric Isselee / Isselee (fcl); Cynoclub (bl); Isselee (fcra). Fotolia: Eric Isselee (cra/Lion Cubs); Valeriy Kalyuzhnyy / StarJumper (tl); shama65 (cla); Eric Isselee (fbl); Jan Will (fbr). 39 123RF.com: Vitalii Gulay / vitalisg (ca/Lizard); smileus (cr); Александр Ермолаев / Ermolaev Alexandr Alexandrovich / photodeti (tc); Alexey Sholom (cl). Dorling Kindersley: Natural History Museum, London (cra/moth). Dreamstime.com: Hel080808 (crb); Brandon Smith / Bgsmith (ca); Goinyk Volodymyr (tr); Ryan Pike / Cre8tive_studios (cla); Kazoka (cb); Valeriy Kalyuzhnyy / Dragoneye (clb). Fotolia: Eric Isselee (tr/Koala); Eric Isselee (bc). Photolibrary: Digital Vision / Martin Harvey (clb/Tige Cub). 40 Alamy Stock Photo: Rosanne Tackaberry (fcla). Dorling Kindersley: Weymouth Sea Life Centre (fclb). Dreamstime.com: Andybignellphoto (fcra); Paul Farnfield (ca); Jnjhuz (cra); Isselee (tr); Elvira Kolomiytseva (cb); Cynoclub (clb/Lionfish); Veruska1969 (bc); Ethan Daniels (crb); Berczy04 (br); Richard Carey (cr). iStockphoto.com: Alxpin (clb). 41 Alamy Stock Photo: WaterFrame (cb/Blue Whale). Dreamstime.com: Tom Ashton (cra); Matthijs Kuijpers (cl); Chinnasorn Pangcharoen (tr); Margo555 (cla); Lext (ca); Vladimir Blinov (fcla); Snyfer (ca/Sea lion); Isselee (cra/Seal); Musat Christian (fcl); Caan2gobelow (cr). iStockphoto.com: Cmeder (cb). 42 123RF.com: Gary Blakeley (br/Speedboat); Veniamin Kraskov (cl); Somjring Chuankul (clb); Kzenon (crb). Dorling Kindersley: Tata Motors (cla). Dreamstime.com: Maria Feklistova (tc); Melonstone (bl). 43 123RF.com: Artem Konovalov (cr); Nerthuz (cla). Corbis: Terraqua Images (ca). Dorling Kindersley: Hitachi Rail Europe (fcra). Dreamstime.com: Eugenesergeev (br); Shariff Che\' Lah (cra); Mlan61 (cb). New Holland Agriculture: (fcl). 44 123RF.com: Scanrail (clb/Train). Dorling Kindersley: Andy Crawford / Janet and Roger Westcott (cr/Car); Tata Motors (tr). Dreamstime.com: Fibobjects (bl, cra). 45 123RF.com: Acceptphoto (clb/Llama). Alamy Stock Photo: Rosanne Tackaberry (crb/Duck). Dorling Kindersley: Andy Crawford / Janet and Roger Westcott (tl). 46 123RF.com: Lev Dolgachov (fclb); Olaf Schulz / Schulzhattingen (c). Dreamstime.com: Fotomirc (bc/Rooster); Jmsakura / John Mills (cr); Eric Isselee (bc); Isselee (br). Fotolia: Malbert (cb/Water). Getty Images: Don Farrall / Photodisc (cb). 46–47 Dreamstime.com: Glinn (b). 47 Dorling Kindersley: Odds Farm Park, Buckinghamshire (ca/Pig). Dreamstime.com: Anna Utekhina / Anna63 (bl); Maksim Toome / Mtoome (cla); Yudesign (tc); Uros Petrovic / Urospetrovic (fcra); Eric Isselee (fcra/Cow); Chris Lorenz / Chrislorenz (ca); Rudmer Zwerver / Creativenature1 (crb); Mikelane45 (clb); Jagodka (bc). 50 Dorling Kindersley: Greg and Yvonne Dean (crb); Jerry Young (cra). 51 Dreamstime.com: Ali Ender Birer / Enderbirer (tl). 52 Dreamstime.com: Alinamd (t); Snake3d (cra). 53 123RF.com: Dmitriy Syechin / alexan66 (cr); Jessmine (fcra). Dreamstime.com: Dibrova (fcr); Jlcst (cl); Ralf Neumann / Ingwio (cra); Irochka (c); Qpicimages (cr/Hibiscus leaf); Paulpaladin (cr/Mint Leaf). 54 123RF.com: Mikekiev (r). 55 Dorling Kindersley: Andy Crawford / Janet and Roger Westcott (bl). 56 123RF.com: Eric Isselee (cla); Boris Medvedev (c). Dreamstime.com: Iakov Filimonov (cb); Alexander Potapov (cl/Shoe). Fotolia: Malbert (cl). Getty Images: C Squared Studios / Photodisc (ca). 56–57 iStockphoto.com: Rodnikovay (b). 57 123RF.com: Andreykuzmin (ca/Shield); Blueringmedia (tr); Oliver Lenz (l); Konstantin Shaklein (cb); Jehsomwang (cl). Depositphotos Inc: mreco99 (cra). Dorling Kindersley: Wallace Collection, London (ca/Armour). Fotolia: Malbert (ca). 60 Dorling Kindersley: Natural History Museum, London (cb). Dreamstime.com: Artigiano (crb/Strawberry); Grafner (crb). New Holland Agriculture: (cb/Tractor). 61 123RF.com: Scanrail (fcra). Dorling Kindersley: Natural History Museum, London (fclb); Tata Motors (bc, fcrb). Dreamstime.com: Jessamine (bl, fcrb/Nest)

Cover images: Front: 123RF.com: Parinya Binsuk / parinyabinsuk cb, Ruslan Iefremov / Ruslaniefremov clb/ (fountain), Scanrail cb/ (train); Corbis: Terraqua Images clb/ (helicopter); Dorling Kindersley: Natural History Museum, London tl/ (butterfly), Tata Motors tr; Dreamstime.com: Andygaylor clb, Borislav Borisov cb/ (bird), Jessamine tl/ (nest), Anke Van Wyk tl; iStockphoto.com: ZargonDesign cl; Back: 123RF.com: Parinya Binsuk / parinyabinsuk cb, Rawan Hussein | designsstock cl/ (ice cream), Ruslan Iefremov / Ruslaniefremov clb/ (fountain), Sataporn Jiwjalaen / onairjiw tl/ (sunglasses), Scanrail cb/ (train); Corbis: Terraqua Images clb/ (helicopter); Dorling Kindersley: Natural History Museum, London cra, Tata Motors tr; Dreamstime.com: Andygaylor clb, Borislav Borisov cb/ (bird), Xaoc tl; iStockphoto.com: ZargonDesign cl

All other images © Dorling Kindersley
For further information see: www.dkimages.com

Keep learning words! They are very **useful**.

ASTERIX EN CORSE

TEXTE DE GOSCINNY

DESSINS DE UDERZO

DARGAUD  ÉDITEUR

PARIS · BARCELONE · BRUXELLES · LAUSANNE · LONDRES · MONTREAL · NEW YORK · STUTTGART

DANS LE MONDE - ASTÉRIX EN LANGUES ÉTRANGÈRES

AFRIQUE DU SUD
Hodder Dargaud, PO Box 32213, Braamfontein Centre, Braamfontein 2017, Johannesburg, Afrique du Sud

AMÉRIQUE HISPANOPHONE
Grijalbo-Dargaud S.A., Calle Aragon 385, 08013 Barcelone, Espagne

AUSTRALIE
Hodder Dargaud, 2 Apollo Place, Lane Cove, New South Wales 2066, Australie

AUTRICHE
Delta Verlag, Postfach 1215, 7 Stuttgart 1, R.F.A.

BELGIQUE
Dargaud Bénélux, 3 rue Kindermans, 1050 Bruxelles, Belgique

BRÉSIL
Record Distribuidora, Rua Argentina 171, 20921 Rio de Janeiro, Brésil

RÉPUBLIQUE POPULAIRE DE CHINE
People's Fine Arts Publishing House, 32 Beizongbu Hutong, Beijing, République Populaire de Chine

DANEMARK
Serieforlaget A/S (Groupement Gutenberghus), Vognmagergade 11, 1148 Copenhague K, Danemark

EMPIRE ROMAIN (Latin)
Delta Verlag, Postfach 1515, 7 Stuttgard 1, R.F.A.

ESPAGNE
Grijalbo-Dargaud S.A., Calle Aragon 385, 08013 Barcelone, Espagne

ÉTATS-UNIS D'AMÉRIQUE & CANADA
Dargaud Publishing International.
Distribution : MacMillan Publishing Co., 866 Third Avenue, New York, N.Y. 10022, États-Unis d'Amérique

FINLANDE
Sanoma Corporation, POB 107, 00381 Helsinki 38, Finlande

HOLLANDE
Dargaud Bénélux, 3 rue Kindermans, 1050 Bruxelles, Belgique
Distribution : Van Ditmar b.v., Oostelijke Handelskade 11, 1019 BL Amsterdam, Hollande

HONG KONG
Hodder Dargaud, c/o United Publishers Book Services, Stabhope House, 7th Floor, 734 King's Road, Hong Kong

INDE (Hindi)
Gowarsons Publishers Private Ltd., Gulab House, Mayapuri, New Delhi 110064, Inde

INDONÉSIE
Penerbit Sinar Harapan, J1. Dewi Sartika 136 D, POB 015 JNG, Jakarta, Indonésie

ISRAËL
Dahlia Pelled Publishers, 5 Hamekoubalim Street, Herzeliah 46447, Israël

ITALIE
Mondadori, Via Belvedere, 37131, Verone, Italie

NORVÈGE
A/S Hjemmet (Groupement Gutenberghus), Kristian den 4des gt. 13, Oslo 1, Norvège

NOUVELLE-ZÉLANDE
Hodder Dargaud, POB 3858, Auckland 1, Nouvelle-Zélande

PORTUGAL
Meriberica-Liber, Rua Filipa de Vilhena 8, 1000 Lisbonne, Portugal

RÉPUBLIQUE FÉDÉRALE ALLEMANDE
Delta Verlag, Postfach 1215, 7 Stuttgart 1, R.F.A.

ROYAUME-UNI
Hodder Dargaud, Mill Road, Dunton Green, Sevenoaks, Kent, TN13 2YJ, Angleterre

SUÈDE
Hemmets Journal Forlag (Groupement Gutenberghus), Fack 200 22 Malmö, Suède

SUISSE
Dargaud Suisse S.A., En Budron B, 1052 Le Mont/Lausanne, Suisse

YOUGOSLAVIE
Nip Forum, Vojvode Misica 1-3, 2100 Novi Sad, Yougoslavie

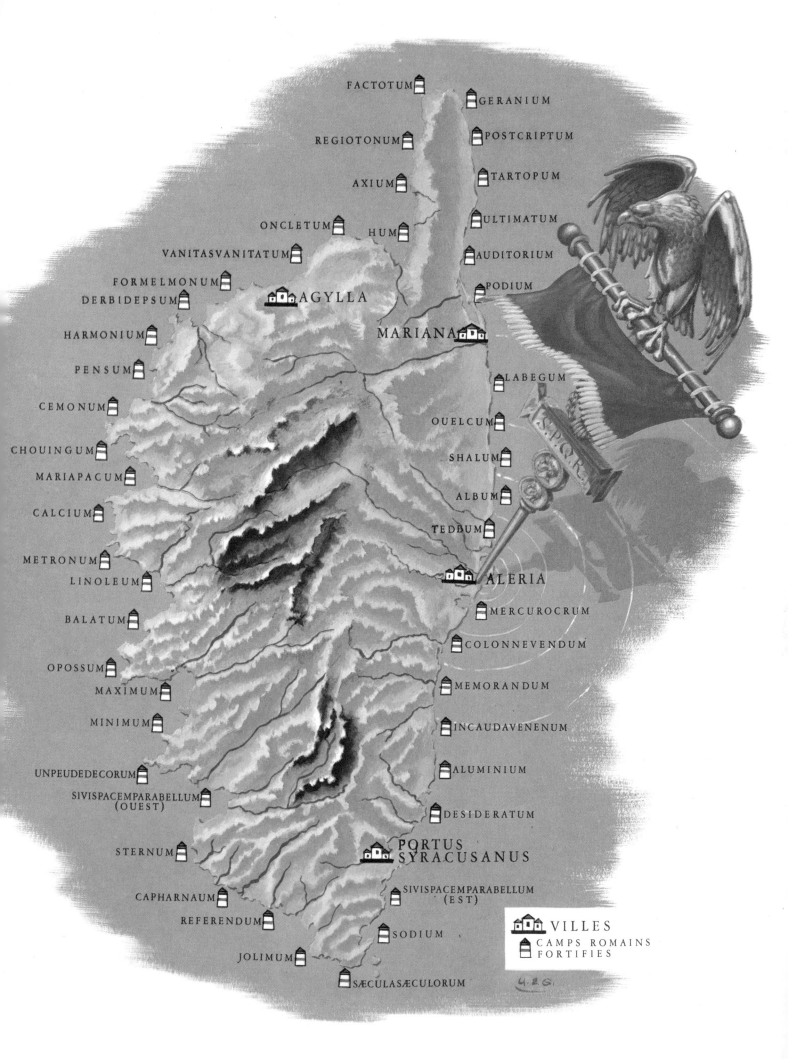

FACTOTUM

GERANIUM

REGIOTONUM

POSTCRIPTUM

AXIUM

TARTOPUM

ONCLETUM

ULTIMATUM

HUM

VANITASVANITATUM

AUDITORIUM

FORMELMONUM

PODIUM

DERBIDEPSUM

AGYLLA

MARIANA

HARMONIUM

LABEGUM

PENSUM

OUELCUM

CEMONUM

SHALUM

CHOUINGUM

ALBUM

MARIAPACUM

TEDBUM

CALCIUM

ALERIA

METRONUM

MERCUROCRUM

LINOLEUM

COLONNEVENDUM

BALATUM

MEMORANDUM

OPOSSUM

INCAUDAVENENUM

MAXIMUM

MINIMUM

ALUMINIUM

UNPEUDEDECORUM

DESIDERATUM

SIVISPACEMPARABELLUM
(OUEST)

STERNUM

PORTUS
SYRACUSANUS

CAPHARNAUM

SIVISPACEMPARABELLUM
(EST)

REFERENDUM

SODIUM

JOLIMUM

SÆCULASÆCULORUM

VILLES

CAMPS ROMAINS
FORTIFIES

PREAMBULE

POUR la plupart des gens, la Corse est la terre natale d'un empereur qui a laissé dans l'Histoire des pages aussi indélébiles que celles inspirées par notre vieux complice Jules César. C'est aussi le berceau d'un chanteur de charme à la longue et prestigieuse carrière, dont les refrains où il est question de Marinella et d'une belle Catarineta, tchi, tchi, ont fait le tour du monde. C'est aussi le pays de la vendetta, de la sieste, des jeux politiques compliqués, des fromages vigoureux, des cochons sauvages, des châtaignes, des succulents merles moqueurs et des vieillards sans âge qui regardent passer la vie.

Mais la Corse, c'est plus que tout cela. Elle fait partie de ces endroits privilégiés du globe qui ont un caractère, une forte personnalité que, ni le temps ni les hommes n'arrivent à entamer. C'est un des plus beaux pays du monde, qui justifie pleinement son appellation d'île de Beauté.

Mais pourquoi ce préambule, nous demanderez-vous.

Parce que les Corses, que l'on décrit comme individualistes - alliant l'exubérance à la maîtrise de soi - nonchalants, hospitaliers, loyaux, fidèles en amitié, attachés à leur pays natal, éloquents et courageux, sont, eux aussi, plus que tout cela.

Ils sont susceptibles.

Les Auteurs

ZE LE DIRAI À MON PAPA, ET GARE À TES FEFFES!

FAUT-IL METTRE UN COUVERT POUR ASSURANCETOURIX, NOTRE BARDE?

OUI; LE JOUR ANNIVERSAIRE DE GERGOVIE, TOUT LE MONDE PARTICIPE AU BANQUET. MÊME LE BARDE.

N'OUBLIEZ PAS QUE CET ANNIVERSAIRE N'EST PAS COMME LES AUTRES! NOUS AVONS INVITÉ DES AMIS QUI SE SONT ILLUSTRÉS DANS LA LUTTE CONTRE LES ROMAINS! JE VEUX QUE TOUT SOIT IMPECCABLE POUR LES RECEVOIR, À COMMENCER PAR VOUS!

C'EST COMPRIS, VOUS DEUX?

C'EST SON PETIT VOYOU QUI A DIT À MON GOSSE QUE JE VENDAIS DES POISS...

QUI EST UN PETIT VOYOU?!

ASSEZ!

JE VEUX QUE TOUT SOIT PROPRE! REGARDEZ! MÊME CE BOUCLIER EST SALE! NON MAIS REGARDEZ!

MAINTENANT?

C'EST PAS SI SALE...

JE NE VOIS RIEN...

IL Y A DES FOIS OÙ JE ME SENS FATIGUÉ... MAIS FATIGUÉ!...

LE CAMP FORTIFIÉ ROMAIN DE BABAORUM...

BON! TOUT LE MONDE EST PRÊT?

IL N'EST QUE TEMPS! ALORS, EN AVANT MARCHE, ET EN SILENCE, JE VOUS PRIE.

?

CAMARADE, JE SUIS EN MISSION, NOUS VENONS DE LOIN ET JE TE DEMANDE L'HOSPITALITÉ POUR LA NUIT, AVANT DE CONTINUER NOTRE VOYAGE.

C'EST QUE... NOUS ALLIONS SORTIR, JUSTEMENT.

BONG!

SORTIR? OÙ ÇA? QUI ÇA?

BEN... NOUS SORTONS TOUS. NOUS ALLONS FAIRE DES MA- NŒUVRES DANS L'ARRIÈRE-PAYS.

ET LE CAMP RESTE DÉSERT? ABANDONNÉ?

BEN OUI...

ON Y VA, CENTURION?

QU'EST-CE QU'ON ATTEND PAR JUPITER?

IL SE FAIT TARD!

BON, EH BIEN JE REGRETTE. LA PROCHAINE FOIS, PRÉVENEZ À L'AVANCE. AVE. ON Y VA.

PERSONNE NE VA NULLE PART!

JE SUIS EN MISSION SPÉCIALE, ENVOYÉ PAR LE PRÉTEUR SUELBURNUS, GOUVERNEUR DE LA CORSE, ET J'EXIGE UNE EXPLICATION POUR CETTE HÂTE SUSPECTE!

DITES, CENTURION GAZPACHOANDALUS, SI ÇA NE VOUS FAIT RIEN, ON PART DEVANT ET VOUS NOUS REJOIGNEZ. ÇA VA?

AH NON, AH NON! ÇA NE VA PAS DU TOUT!

VIENS DANS MA TENTE... VOUS AUTRES, NE PARTEZ PAS SANS MOI. ÇA NE SERA PAS LONG.

AUJOURD'HUI, C'EST L'ANNI-VERSAIRE DE LA BATAILLE DE GERGOVIE. POUR FÊTER ÇA, LES HABITANTS DU VILLAGE GAULOIS VOISIN ONT L'HABITUDE D'ATTAQUER LES GARNISONS ROMAINES QUI LES ENTOURENT.

ET TU NE FAIS RIEN POUR LES DÉCOURAGER ?

MAIS SI, JUSTEMENT! POUR LES DÉCOURAGER, NOUS ABANDONNONS NOS CAMPS ET NOUS PARTONS EN MANŒUVRES!

VOUS AVEZ FINI, CENTURION GAZPACHOANDALUS? PARCE QUE LES CAMARADES S'IMPATIENTENT, ET...

ILS SONT DONC SI TERRIBLES QUE ÇA, LES GAULOIS ?

EH BIEN TANT PIS! JE DOIS ASSURER LE TRANSPORT D'UN EXILÉ CORSE...IL PASSERA LA NUIT DANS CE CAMP! TOI ET TA GARNISON, ÊTES RESPONSABLES DE CET INDIVIDU DEVANT CÉSAR! JE REVIENDRAI LE CHERCHER DEMAIN!

DEMAIN? ET OÙ VAS-TU AUJOURD'HUI ?

ASSISTER AUX MANŒUVRES, TIENS!

MAIS... MAIS TU NE PEUX PAS NOUS FAIRE ÇA! LES GAULOIS VONT NOUS MASSACRER!...ET S'ILS VOIENT EN PLUS QUE NOUS DÉTENONS UN PRISONNIER, ILS ...

AMENEZ L'EXILÉ!

AVE, CAMARADE! ET SOUVIENS-TOI! TU ES RESPONSABLE DEVANT CÉSAR!

LES PREMIERS INVITÉS ARRIVENT DANS LE PETIT VILLAGE GAULOIS...

PÉTISUIX!

JE VOUS AI APPORTÉ UN FROMAGE HELVÈTE.

SOUPALOGNON Y CROUTON!

OLÉ, HOMMES! OLÉ!

IDÉFIX!

PLAINTCONTRIX! TU ES VENU EXPRÈS DE ROME!

J'AVAIS ENVIE D'ENTENDRE LE SON DE TA VOIX!

JOLITORAX! ZEBIGBOS! O'TORINOLARINGOLOGIX! MAC ANOTÉRAPIX! RELAX!

JE DIS! N'EST-IL PAS SIMPLEMENT MERVEILLEUX DE NOUS RENCONTRER À NOUVEAU, COUSIN ASTÉRIX?

BEAUFIX, DE LUGDUNUM! LABELDECADIX, DE MASSILIA! CHANGÉLEDIX, DE GÉSOCRIBATE!

ALAMBIX L'ARVERNE!

CHALUT! JE CHUIS CHINCHÈREMENT RAVI DE TE REVOIR!

MAJETTE! CHA CH'EST UN BEAU TICHU, CHA!

OH, VOUS SAVEZ, C'EST DE LA SOIE DE CHEZ NOUS, DE LUGDUNUM.

DE LA CHOIE! VOUS EN AVEZ DE LA CHANCHE!

HOMME! JE FAIS TOUTE MA CUISINE À L'HUILE D'OLIVE!

VOUS NE DÎTES PAS? MOI, J'UTILISE DE LA BOUILLANTE EAU. JE TROUVE QUE ÇA DONNE UN EXQUIS GOÛT À TOUT.

QU'EST-CE QU'ON LEUR A MIS À CES FADAS DE ROMAINGS!

HAHAHAHA!

ET QUAND VOUS VOUS ÊTES CACHÉS DANS UN COFFRE DE LA BANQUE À GENEVA?

ALLEZ VOIR OÙ EN SONT LES ROMAINS, LES ENFANTS. J'AIMERAIS BIEN OFFRIR UNE PETITE BAGARRE À NOS INVITÉS.

OH, EN GÉNÉRAL, POUR L'ANNIVERSAIRE DE GERGOVIE, ILS SE CACHENT.

ALORS QU'ILS PEUVENT FÊTER ÇA AVEC NOUS! ILS SONT FOUS, CES ROMAINS!

Toc! Toc! Toc!

COMMENÇONS PAR LE CAMP DE LAUDANUM!

VIENS, IDÉFIX! TU LE RETROUVERAS TON PÉPÉ!

LE CAMP DE LAUDANUM...

Y A QUELQU'UN?

LE CAMP D'AQUARIUM...

DÉSERT...

COMMENT LES ROMAINS PEUVENT-ILS ESPÉRER DEVENIR NOS COPAINS, S'ILS S'EN VONT LE JOUR OÙ ON VEUT LEUR TAPER DESSUS?

64

PEU APRÈS... LE CAMP DE PETIBONUM ÉTAIT VIDE AUSSI.

ESSAYONS BABAORUM. S'IL N'Y A PERSONNE, ON JOUERA AUX CHARADES AVEC NOS INVITÉS.

ÉCOUTE!

ALORS, CENTURION, CE TYPE ARRIVE, IL NOUS LAISSE SES COCHONNERIES, IL NOUS ABANDONNE POUR NOUS FAIRE MASSACRER, ET VOUS ÊTES D'ACCORD?

VOUS SAVEZ BIEN QUE NOUS N'AVONS PAS LE CHOIX!

ÉCOUTEZ, CENTURION, J'AI UNE IDÉE: VOUS RESTEZ ICI POUR GARDER LE PRISONNIER; NOUS, ON VA REJOINDRE LES COPAINS, ET SI VOUS ÊTES ATTAQUÉ...

SILENCE! ON RESTE TOUS!

ILS SONT LÀ! ÇA C'EST DES TYPES BIEN! QU'EST-CE QU'ON VA LEUR METTRE, ILS NE REGRETTERONT PAS D'ÊTRE RESTÉS!

TU VAS ME PROMETTRE DE LAISSER DES ROMAINS POUR LES INVITÉS! ET LES PLUS BEAUX!

OUI, MAIS TU SAIS, LES ROMAINS C'EST COMME LES HUÎTRES: LES PETITS SONT SOUVENT LES MEILLEURS!

6B

BABAORUM? FORMIDABLE! JE VAIS ANNONCER ÇA À NOS INVITÉS!

IDÉFIX! ICI!

MES AMIS! VOUS ÊTES EN TRAIN DE BOIRE LA POTION MAGIQUE DE NOTRE DRUIDE PANORAMIX!...

BRAVO!

BON POUR LA PANORAMIX' POTION!

EH BIEN, VOUS POURREZ EN CONSTATER LES EFFETS! POUR FÊTER L'ANNIVERSAIRE DE GERGOVIE, NOUS ALLONS ATTAQUER LE CAMP ROMAIN DE BABAORUM AVANT LE DÎNER! ÇA NOUS OUVRIRA L'APPÉTIT!

OUAIS!

BRAVO!

CHA CH'EST CAUJÉ!

VÉ! C'EST UN PEU BIENG ORGANISÉ, CETTE FAÎTE!

CHETTE QUOI?

CETTE FAÎTE! EFFEU-Ê TÉ-EU. CETTE FAÎTE.

AH! CHETTE FÊTE!

VOUAYE. CETTE SÔTERIE SI VOUS PRÉFÉREZ.

NE RENTREZ PAS TROP TARD; LES ROMAINS ÇA PEUT ATTENDRE, LES SANGLIERS, NON.

VOUS AIMEZ LES HUÎTRES? PARCE QUE LES HUÎTRES, PLUS C'EST PETIT, PLUS C'EST BON!

?

VEILLÉE D'ARMES DANS LE CAMP ROMAIN DE BABAORUM...

...ET IL Y AURA LE GROS MONSTRE ET LE PETIT TEIGNEUX, TOUS GAVÉS DE POTION MAGIQUE... ET QUAND ILS VERRONT QUE NOUS AVONS UN PRISONNIER, EN PLUS, ILS VONT SE METTRE EN COLÈRE...

CLACLACLACLACLACLACLACLACL ... LACLACLACLACLACLACLACLACLAC

AH NON! PAR JUPITER, C'EST TROP BÊTE!

CLAC! CLAC! CLAC!

ÉCOUTE, JE VAIS TE DÉBARRASSER DE TES CHAÎNES...

SI ON TE RATTRAPE, IL FAUT QUE TU ME PROMETTES DE DIRE QUE TU T'ES ÉVADÉ TOUT SEUL... NE ME DEMANDE PAS POURQUOI JE FAIS ÇA!...

CLIC!

8A

PARS! TU ES LIBRE!

J'AI DIT: PARS! TU ES LIBRE.

HÉ! HO! PARS! TU ES LIBRE!

APRÈS LA SIESTE.

COMMENT APRÈS LA SIESTE?!

IL EST TARD, ROMAIN. SI JE FAIS PAS LA SIESTE MAINTENANT, JE N'AURAI PAS LE TEMPS DE LA FAIRE AVANT DE DORMIR. ALORS, TU ME LAISSES TRANQUILLE, OU JE M'ÉNERVE.

MAIS TU VAS PARTIR, DIS?!

ILS ARRIVENT, CENTURION GAZPACHO-ANDALUS. ET AVEC LES COPAINS, ON NE VOUDRAIT PAS QUE VOUS RATIEZ LE DÉBUT.

8B

JOYEUX ANNIVERSAIRE!!!

VRRRAOUM!

OLÉ! OLÉ, HOMME!

VOUS NE TROUVEZ PAS, VOUS ÔSSI, QU'ELLE EST BIENG ORGANISÉE CETTE FAÎTE?

CÊTTE QUOI?

CHETTE CHÔTERIE.

BANG! BANG! BANG!

PAF!

JE DIS, CETTE MAGIQUE POTION EST SI SURPRE-NANTE, N'EST-IL PAS?

OH OUI, RÉELLEMENT, MAIS UN PETIT MOR-CEAU TROP ÉPICÉE AUSSI LOIN QUE JE SUIS CONCERNÉ, QUOI?

POTOPOTOPOTO!

PLING!

TONC!

VOUS N'EN VOULEZ PAS DE CELUI-CI, N'EST-CE PAS? IL EST UN PEU GRAS.

OBÉLIX! TU M'AVAIS PROMIS!

LAISSEZ, LAISSEZ, ASTÉRIX! LES ROMAINS, QUAND ON ME LES SERT COMME ÇA SUR UN PLATEAU, JE CROIS QUE JE N'EN AURAI JAMAIS ASSEZ, ET JE M'ARRÊTE AVANT LA DOUZAINE!

BON, VOUS ME FINISSEZ?

PAF!

TCHOK!

QU'EST-CE QUI SE PASSE, ICI?

POC!

13

QUI ES-TU? TU N'ES PAS UN ROMAIN!

GRRRRAO!

VRAIMENT PAS. JE SUIS UN EXILÉ, PRISONNIER DANS CE CAMP POUR LA NUIT. MAIS POUR DORMIR, JE NE SAIS PAS SI MES GEÔLIERS ONT FAIT UN BON CHOIX.

UN PRISONNIER?

OUI, MAIS VOUS NE POUVEZ PLUS RIEN NOUS FAIRE! NOUS SOMMES DÉJÀ MASSACRÉS! ON VOUS A BIEN EUS, HEIN?

COMMENT TE NOMMES-TU? POURQUOI ES-TU EXILÉ?

JE M'APPELLE OCATARINETABELLATCHITCHIX, ET JE SUIS CORSE.

104

C'EST QUOI, LA CORSE?

LA CORSE, C'EST LE CAUCHEMAR DES ROMAINS! TU AS COMPRIS, LE GROS?

JE NE SUIS PAS GROS ET JE SUIS AUSSI LE CAUCHEMAR DES ROMAINS!

TU ES SUSCEPTIBLE, TOI... TU ME PLAIS.

EH BIEN, OMARINELLA...

CATARINETA.

EXCUSE-MOI. EH BIEN, OCATARINETABELLA-TCHITCHIX, VIENS AVEC NOUS DANS NOTRE VILLAGE PARTICIPER À NOTRE BANQUET...

...TU NOUS RACONTERAS TOUT ÇA.

¡DÉFIX! ¡ICI!

HARFHARFHARF

103

TU N'AIMES PAS LE SANGLIER OCATARINETABELLATCHÎTCHIX?

C'EST CURIEUX, LE NOM DE CET HOMME M'INSPIRE. JE VAIS ÉCRIRE UN CHANT...

J'AIME LE SANGLIER... MAIS VOUS ME L'OFFREZ PAR PITIÉ!

JAMAIS DE LA VIE!

SI TU N'EN VEUX PAS, JE PEUX T'EN DÉBARRASSER...

JE T'AI VEXÉ. TU ES FIER. FIER ET SUSCEPTIBLE. TU ME PLAIS, PETIT.

ALORS, JE LE MANGE, CE SANGLIER!

C'EST MAINTENANT QU'IL ME VEXE!

PARLE-NOUS DE TON PAYS, OCATARINETABELLA-TCHÎTCHIX.

LA CORSE EST UNE PROVINCE ROMAINE GOUVERNÉE PAR UN PRÉTEUR NOMMÉ POUR UN AN. PENDANT CETTE ANNÉE, SOUS PRÉTEXTE D'IMPÔTS, LE PRÉTEUR PILLE LA CORSE, HISTOIRE D'ÊTRE BIEN VU PAR JULES CÉSAR À SON RETOUR À ROME...

UN SANGLIER PAR PITIÉ!

MAIS MOI, AVEC MES HOMMES, JE REPRENDS TOUT CE QU'IL Y A DANS LES ENTREPÔTS AVANT LE DÉPART DU PRÉTEUR! JUSQU'À PRÉSENT, CÉSAR N'A PAS EU UNE CHÂTAIGNE À SE METTRE SOUS LA DENT!

LE PRÉTEUR ACTUEL, SUELBURNUS, EST LE PLUS AVIDE ET LE PLUS CRUEL DE TOUS! IL A RÉUSSI À ME CAPTURER PAR TRAÎTRISE PENDANT LA SIESTE, ET IL M'A CONDAMNÉ À LA PIRE DES PEINES: L'EXIL! MAIS GRÂCE À VOUS, JE VAIS RENTRER EN CORSE AVANT LE DÉPART DU PRÉTEUR ET REPRENDRE TOUT CE QU'IL A VOLÉ!

J'AIMERAIS VOIR COMMENT TU T'Y PRENDS AVEC LES ROMAINS!

SCRONTCH! SCRONTCH! SCRONTCH!

EH BIEN, VIENS AVEC MOI, ASTÉRIXOCCELLIX! À TON RETOUR, TU POURRAS RACONTER À TES AMIS COMMENT ÇA SE PASSE DANS MON PAYS, LE PLUS BEAU DU MONDE!

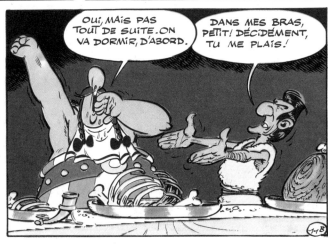

OUI, MAIS PAS TOUT DE SUITE. ON VA DORMIR, D'ABORD.

DANS MES BRAS, PETIT! DÉCIDÉMENT, TU ME PLAIS!

EH BIEN, C'EST ENTENDU! DEMAIN MATIN, ASTÉRIX ET OBÉLIX PARTIRONT EN CORSE AVEC TOI. AU RETOUR, ILS NOUS PARLERONT DE TON PAYS ET DE VOS MÉTHODES!

LE LENDEMAIN MATIN...

IL ÉTAIT SIMPLEMENT DÉLICIEUX, JE DOIS RÉELLEMENT DIRE.

CHENCHACHIONNEL!

ET LES CHANGLIERS! CHUCCULENTS, EN TOUTE CHINCHÉRITÉ!

CHMAC!

ET POURQUOI JE NE L'EMMÈNERAIS PAS?

C'EST CHAQUE FOIS LA MÊME CHOSE! PARCE QU'IL EST TROP PETIT!

ON VOUS CHERCHE PARTOUT, LES ENFANTS. IL VAUT MIEUX QUE VOUS PARTIEZ AVANT LE RETOUR DES ROMAINS. N'OUBLIEZ PAS QUE NOTRE AMI CORSE EST RECHERCHÉ.

GRMBLGNBLMGNBL

GNAGNAGNA GNAGNAGNA.

127

POUR TOI AUSSI UNE GOURDE DE POTION MAGIQUE, OCATARINETABELLATCHITCHIX. UN PETIT CADEAU UTILE EN SOUVENIR DE TON SÉJOUR CHEZ NOUS.

TIENS! MOI AUSSI J'AI UN CADEAU UTILE!

UN PETIT CHIEN! J'AIME BIEN LES PETITS CHIENS!

?

ET EN PLUS, JE VOYAGE LÉGER. C'EST LUI QUI PORTE IDÉFIX!...C'EST QU'IL GROSSIT, CES TEMPS-CI.

OBÉLIX, TU ES UN MALIN!

C'EST COMME ÇA QUE NOUS SOMMES, NOUS, ASTÉRIXOCCELLIX!

128

16

LE PORT DE MASSILIA.

IL FAUT QUE JE TROUVE UN BATEAU POUR ALLER EN CORSE. J'AI DES AMIS ICI QUI M'AIDERONT, MAIS IL VAUT MIEUX QUE J'Y AILLE SEUL.

RENDEZ-VOUS ICI DANS UNE HEURE. TIENS-MOI LE CHIEN, JE FATIGUE.

CHEZ CAFÉOLIX

OCATARINETA-BELLATCHITCHIX, JE SUIS FOU DE JOIE.

CAFÉOLIX, TA VUE ME REMPLIT D'ALLÉGRESSE.

PARLOMBA! APPORTE LE VIN ET LE SAUCISSON. PAS CELUI DES CLIENTS.

MAINTENANT, VA DANS LA SALLE T'OCCUPER DES CLIENTS.

OUI

CE SAUCISSON ME RAPPELLE LE PAYS. IL EST TELLEMENT FRAIS QU'ON POURRAIT L'ENTENDRE BRAIRE.

TU VOIS, TOUJOURS BELLE, MAIS BAVARDE COMME UNE PIE. MAIS ASSEZ PARLÉ FEMMES. JE TE CROYAIS EN EXIL?

JE N'Y SUIS PLUS. IL FAUT QUE TU ME TROUVES UN BATEAU POUR TRAVERSER LA MARE.

CLIC!

PAS FACILE. LES ROMAINS SURVEILLENT LE PORT. MAIS J'AI LÀ DES CLIENTS QUI SEMBLENT ÊTRE DES MARINS PRÊTS À TOUT. VIENS.

ON PEUT VOUS OFFRIR QUELQUE CHOSE?

ON 'EFUSE 'A'EMENT NOUS. PAS V'AI CAPITAINE?

ACCEPTES-TU DE PRENDRE DISCRÈTEMENT DES PASSAGERS POUR LA CORSE? TON PRIX SERA LE NÔTRE.

D'ACCORD POUR LE PRIX. MAIS IL LEUR FAUDRA DE L'OR POUR LES FAUX FRAIS À BORD.

PEU APRÈS...

C'EST ARRANGÉ. ON EMBARQUE CETTE NUIT. VENEZ, JE CONNAIS UN ENDROIT POUR FAIRE LA SIESTE.

TCHAC!

HÉ! HO!

?

HÉ!

HGNYARR HGNYARR HGNYARR! DES PASSAGERS PLEINS D'OR! UNE FOIS AU LARGE, ON LES DÉPOUILLE ET ON LES PASSE PAR-DESSUS BORD! NOUVELLE TECHNIQUE: CE N'EST PLUS L'ABORDAGE, MAIS LE DÉBORDAGE!

O TEMPO'A! O MO'ES!

À PART LA PRONONCIATION, TU FAIS DES PROGRÈS.

CETTE NUIT-LÀ...

QUI VA LÀ?

VIENIVIENIVIENI.

AÏE AÏEAÏEAÏE. VOUS POUVEZ EMBARQUER.

DRÔLE DE MOT DE PASSE.

FAUT AVOUER...

VOTRE CABINE EST À L'ENTREPONT. ALLEZ VOUS COUCHER. ON PART TOUT DE SUITE.

BIEN, GARÇONS. NOUS SOMMES ASSEZ LOIN DES CÔTES. ALLONS PLUMER CES TROIS PIGEONS.

ILS DORMENT. BIEN! PARFAIT, PARF...

CAPITAINE! OH! CAPITAINE!

QUOI?

CHUT!... RE...RERERE... REGARDEZ! LES GAU...LES GAUGAU...

NE NOUS PLAIGNONS PAS, GARÇONS! ILS NE SE SONT PAS RÉVEILLÉS. C'EST DÉJÀ ÇA.

E''A'E HUMANUM EST.

LE LENDEMAIN MATIN...

?

PERSONNE! LE NAVIRE EST ABANDONNÉ!

BAH, TOUT VA BIEN. PAR RAPPORT AU SOLEIL, NOUS SOMMES DANS LA BONNE DIRECTION.

MAIS J'AI FAIM MOI!

SNIFF! SNIFF!

VENEZ! CAFÉOLIX M'A DONNÉ UN FROMAGE CORSE DONT VOUS ME DIREZ DES NOUVELLES.

16A

SENTEZ-MOI ÇA, LES AMIS!

JE... JE VAIS M'ALLONGER...

TCHAC!

OWWOWWOWW

16B

ATTENDEZ!... CE PARFUM!...

SNIFF! SNIFF!

CE PARFUM LÉGER ET SUBTIL, FAIT DE THYM ET D'AMANDIER, DE FIGUIER ET DE CHÂTAIGNER... ET LÀ ENCORE, CE SOUFFLE IMPERCEPTIBLE DE PIN, CETTE TOUCHE D'ARMOISE, CE SOUPÇON DE ROMARIN ET DE LAVANDE... MES AMIS!... CE PARFUM...

...C'EST LA CORSE!

20

LA CORSE!

?!

ILS SONT FOUS, CES CORSES !

BAH ! FAISONS COMME LUI.

TOC ! TOC ! TOC !

PLOUF!

PLOUF!

PLIF!

SENTEZ CETTE EAU ! SENTEZ CE PARFUM DE LANGOUSTE, D'OURSIN ET DE CIGALE DE MER !

17A

JE TROUVE QUE ÇA SENT PLUTÔT LE ROMAIN... CE N'EST PAS UN CAMP FORTIFIÉ, LÀ-BAS ?

OUI, LES CAMPS SE TROUVENT TOUT AUTOUR DE L'ÎLE. DÈS QU'ILS ESSAIENT DE S'ENFONCER VERS L'INTÉRIEUR, LES ROMAINS ONT DES ENNUIS.

MAIS NE VOUS INQUIÉTEZ PAS. LES ROMAINS QU'ON NOUS EN- -VOIE SONT EN GÉNÉRAL DES MINABLES AFFECTÉS CHEZ NOUS PAR PUNITION. SEUL LE PRÉTEUR, À ALÉRIA, A QUELQUES TROUPES D'ÉLITE.

TU AS VU ? IL FAUT ALLER PRÉVENIR LE CENTURION !

OUAIS. NE RESTONS PAS ICI, EN TOUT CAS.

EH BIEN, DÉPÊCHE-TOI !

DOUCEMENT. DOUOUOUOUCEMENT.

TU ES NOUVEAU ICI, ALORS DOUOUOUOUCEMENT. JE T'EXPLIQUERAI -

17B

21

CE SABLE! SENTEZ CE SABLE!

IL N'Y AURAIT PAS MOYEN DE SENTIR UN SANGLIER?

TU AS RAISON! VENEZ! NOUS ALLONS DANS LA MONTAGNE, DANS MON VILLAGE.

PEU APRÈS...

AVE CENTURION! NOUS AVONS VU TROIS HOMMES S'INTRODUIRE CLANDES-TINEMENT EN CORSE. ILS ONT POUR CELA ABANDONNÉ UN NAVIRE.

IL Y A LONGTEMPS?

LE TEMPS DE VENIR DE LA PETITE CRIQUE, LÀ-BAS. PAS VITE, PARCE QUE MES CALIGAE ME FONT SOUFFRIR LE MARTYRE.

BON. ALLONS VOIR CE NAVIRE.

GRATT! GRATT!

18a

LE NAVIRE? MAIS IL ME SEMBLE QUE CE SONT LES HOMMES QUI...

SCIENCINFUS, TU ES PEUT-ÊTRE LE SEUL VOLONTAIRE DE LA GARNISON, MAIS TU M'ENNUIES! NOUS ALLONS VOIR CE NAVIRE ET FAIRE UN RAPPORT!

PEU APRÈS...

EN EFFET, CE BATEAU EST DÉSERT. BON, ON RETOURNE FAIRE LE RAPPORT.

CENTURION! IL Y A UNE BARQUE PLEINE D'INDIVIDUS, PAS LOIN!

UN RAPPORT À LA FOIS. NOUS REVIEN-DRONS DEMAIN POUR FAIRE UN RAPPORT SUR CETTE BARQUE, SI ELLE EST TOUJOURS LÀ.

IL Y A DES ROMAINS QUI ONT QUITTÉ NOTRE BATEAU... IL SEMBLE DÉSERT. ON PEUT LE RÉCUPÉRER, GARÇONS.

J'AI LE T'AC! C'EST UN T'UC!

OUI, PEUT-ÊTRE SONT-ILS CACHÉS À BORD. FELIX QUI POTUIT RERUM COGNOSCERE CAUSAS, COMME ON DIT VULGAIREMENT.

18b

ALLEZ-Y CAPITAINE. VOUS NOUS 'RACONTE'EZ...

CORNE D'AUROCH! VOUS VENEZ TOUS AVEC MOI! À L'ABORDAGE!

PEU APRÈS...

ON A FOUILLÉ PARTOUT: PERSONNE.

C'EST P'OPÉ DE LA POUPE À LA P'OUE.

MAIS IL Y A UNE DRÔLE D'ODEUR QUI SORT DE LÀ-DEDANS. COMME UNE SORTE DE FROMAGE DÉMENT.

UN VOLONTAIRE POUR...

OUI, BON, ÇA VA. J'AI COMPRIS.

VLABADABAOUM!

BON, EH BIEN NOUS N'AVONS PLUS RIEN À FAIRE ICI. ON S'EN VA.

COMMENT ON S'EN VA ? ET TOUT ÇA ?

QUOI TOUT ÇA ? UN BATEAU ARRIVE, TROIS TYPES PLONGENT, LE BATEAU EST DÉSERT, IL FAIT EXPLOSION ET D'AUTRES TYPES ARRIVENT À LA NAGE...

TOUT ÇA EST BANAL. IL N'Y A MÊME PAS DE QUOI FAIRE UN RAPPORT.

PAS D'ACCORD, CENTURION. IL FAUT PRÉVENIR LE PRÉTEUR SUELBURNUS, À ALÉRIA !

PAR JUPITER ET PAR MERCURE ! TU VEUX DES ENNUIS ? TU LES AURAS ! JE TE CHARGE DE CONDUIRE CES IMBÉCILES À ALÉRIA !

202

PENDANT CE TEMPS...

MON VILLAGE EST TOUT PRÈS.

IL EST DE TON VILLAGE CELUI-LÀ ?

C'EST PATOLOGIX, NOTRE DRUIDE. IL EST EN TRAIN DE CUEILLIR LE GUI.

IL S'Y PREND COMME ÇA POUR LE CUEILLIR ?

EH OUI. IL ATTEND QU'IL TOMBE.

TOC! TOC! TOC! TOC!

203

24

OH!REGARDE! DES SANGLIERS DOMESTIQUES!

NON. CE SONT DES COCHONS SAUVAGES.

CE N'EST PAS LE PETIT OCATA-RINETABELLATCHI-TCHIX QUI ÉTAIT SUR LE CONTINENT?

OUI .JE SAVAIS BIEN QU'ILS NE VOUDRAIENT PAS LE GARDER.

LES AUTRES NE SONT PAS D'ICI.REGARDEZ LE CHIEN; IL N'EST PAS PLUS GROS QU'UN MERLE

ÇA , C'EST LE CHIEN QUI NE DORT PAS ASSEZ.

OCATARINETABELLATCHITCHIX, NOTRE CHEF! TU ES DE RETOUR!

CONTENT DE TE VOIR CARFERRIX.

QUAND JE PENSE QU'ON ALLAIT FAIRE DES ÉLEC-TIONS POUR CHOISIR UN NOUVEAU CHEF.LES URNES SONT DÉJÀ PLEINES.

LES URNES SONT PLEINES AVANT LES ÉLECTIONS?

OUI,MAIS ON LES JETTE À LA MER SANS LES OUVRIR, ET APRÈS, C'EST LE PLUS FORT QUI GAGNE . UNE COUTUME DE CHEZ NOUS.

JE VOUS PRÉSENTE ASTÉRIX, OBÉLIX ET IDÉFIX .ILS SONT VENUS VOIR COMMENT ON S'OCCUPE DES ROMAINS, CHEZ NOUS.

À PROPOS, VENEZ MANGER LE COCHON SAU-VAGE CHEZ MOI.

ALÉRIA...

UN LÉGIONNAIRE DEMANDE À TE VOIR, Ô PRÉTEUR SUELBURNUS. IL DIT POSSÉDER DES RENSEIGNEMENTS IMPORTANTS

QU'IL ENTRE.

AVE PRÉTEUR! CET HOMME A DES CHOSES À RACONTER.

PAS DU TOUT! JE SUIS UN HONNÊTE MARIN QUI ASSURE LA LIAISON MASSILIA-CORSE...

CLAC!

J'AVAIS TROIS PASSAGERS QUI, AVANT DE DISPARAÎTRE, ONT FAIT SAUTER MON BATEAU À L'AIDE D'UN FROMAGE INFERNAL...

UN FROMAGE CORSE?

23A

UN DES PASSAGERS ÉTAIT CORSE EN TOUT CAS... ON L'APPELAIT OCATARI-NETABELLAPLOUMPLOUM.

TCHITCHIX!?

OUI, C'EST ÇA. PAS PLOUMPLOUM, TCHITCHIX. IL Y AVAIT DEUX GAULOIS AVEC LUI, DEUX DANGERS POUR LA NAVIGATION QUI...

OÙ SONT-ILS ALLÉS?

JE LES AI VUS S'ENFONCER DANS LE PAYS, VERS LA MONTA-GNE. JE DEMANDE L'HONNEUR DE PARTICIPER AUX RECHERCHES, SI CES GENS SONT HORS-LA-LOI...

HORS-LA-LOI? OCATARINETA-BELLATCHITCHIX EST LE PIRE DES BANDITS. IL EN VEUT AUX IMPÔTS DE CÉSAR! JE L'AVAIS EXILÉ... IL FAUT LE CAPTURER!

PRÉTEUR! JE CAPTURERAI OCATARINETABELLATSOINTSOIN!

BONG!

TCHITCHIX.

23B

27

TU ES NOUVEAU ICI...

OUI, JE ME SUIS PORTÉ VOLONTAIRE POUR SERVIR EN CORSE. IL PARAÎT QU'IL Y A DES CHANCES DE MONTER EN GRADE.

C'EST FAIT! JE TE NOMME CHEF DE LA PATROUILLE QUI VA CHERCHER LE BANDIT. SON VILLAGE EST LE PREMIER QUE TU TROUVERAS DANS LE VALLON, À L'OUEST, TOUT DROIT.

IL ME FAUDRA DES HOMMES.

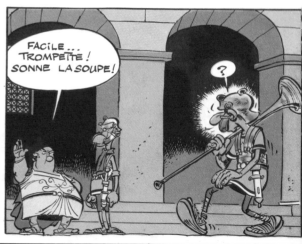

FACILE... TROMPETTE! SONNE LA SOUPE!

?

TARiiiiiii TARAAAAA TARiiiiiii

PARFAIT! LES DIX PREMIERS SONT DÉSIGNÉS VOLONTAIRES POUR ALLER CAPTURER OCATARINETABELLATCHITCHIX!

TU VOIS CE QUE JE TE DISAIS, IMBÉCILE!... ON VENAIT DE SE LEVER DE TABLE!

TU AVAIS RAISON... JE N'AVAIS MÊME PAS FINI DE MANGER.

JE RAMÈNERAI LE BANDIT, PRÉTEUR! AVE!

CLAC!

EN AVANT, CAMARADES!

JE NE CROIS PAS QUE TU LE RAMÈNERAS, PAUVRE ABRUTI... IL VA FALLOIR QUE JE METTE LE BUTIN À L'ABRI...

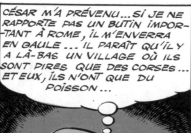

CÉSAR M'A PRÉVENU... SI JE NE RAPPORTE PAS UN BUTIN IMPORTANT À ROME, IL M'ENVERRA EN GAULE... IL PARAÎT QU'IL Y A LÀ-BAS UN VILLAGE OÙ ILS SONT PIRES QUE DES CORSES... ET EUX, ILS N'ONT QUE DU POISSON...

...ET PAS TOUJOURS FRAIS, DIT-ON.

IL PARAÎT QU'IL S'EST PORTÉ VOLONTAIRE POUR VENIR EN CORSE!

EN PLUS, NOUS SOMMES MENÉS PAR UN FOU!

MOI À ROME, J'AVAIS ÉTÉ CONDAMNÉ; ON M'A DONNÉ LE CHOIX : LE CIRQUE OU LA CORSE... MAIS TU CONNAIS L'ARMÉE: IL SUFFIT QUE TU DEMANDES UNE CHOSE POUR QU'ON TE DONNE L'AUTRE.

MOI, C'EST UN OPTIONE QUI M'A FAIT BOIRE DANS UNE TAVERNE DE GENUA. JE ME SUIS RÉVEILLÉ ICI, ET JE N'AI PLUS JAMAIS BU.

UN PEU DE SILENCE! NOUS DEVONS PRENDRE LE BANDIT PAR SURPRISE!

PAR SURPRISE!... TIENS, J'EN RIRAIS.

25A

HI HAN! HI HAN!

PLUS LOIN...

HI HAN! HI HAN!

GROINNK! GROINNK!

POC!

GROINNK! GROINNK!

VA AU VILLAGE PRÉVENIR QU'UNE PATROUILLE DE ONZE ROMAINS S'Y DIRIGE.

IL N'Y A PLUS MOYEN DE PÊCHER TRANQUILLEMENT. TOUS LES SIX MOIS C'EST LA MÊME CHOSE!

25B

29

CHIPOLATA! VERSE-NOUS ENCORE DU VIN!

J'ARRIVE!

MERCI.

CARFERRIX!

DIS À TON COPAIN DE FAIRE ATTENTION. CARFERRIX N'AIME PAS QU'ON MANQUE DE RESPECT À SA SOEUR.

MAIS, IL NE LUI A PAS MANQUÉ DE RESPECT!

SI. IL LUI A PARLÉ. ET AVEC LE SOURIRE. ATTENTION!

!?!

OCATARINETABELLATCHITCHIX! IL Y A DES ROMAINS QUI VIENNENT.

BON! ON VA DANS LE MAQUIS.

LE MAQUIS?

OUI, LES ROMAINS S'Y PERDENT. VOUS ALLEZ VOIR.

JE ME DÉSINTÉRESSE DE LA QUESTION!

ÇA, SÛREMENT PAS!

C'EST COMME MOI. JE NE ME SENS PAS CONCERNÉ.

PRÉPAREZ-VOUS À LE CUEILLIR! IL NE NOUS ATTEND PAS!

VOUS VOYEZ? LE VILLAGE EST CALME... ON VA COMMENCER PAR LA PREMIÈRE MAISON LÀ-BAS...

LE PREMIER, C'EST SÛREMENT UN NOUVEAU.

IL ME FAIT PENSER À SALAMIX, CELUI QUI EST TOMBÉ DU CHÂTAIGNER SUR LA TÊTE.

IL PARAÎT QU'APRÈS IL S'EST ENGAGÉ CHEZ LES ROMAINS.

IL ÉTAIT DEVENU TELLEMENT BÊTE QU'AVANT DE LUI FAIRE COMPRENDRE QUELQUE CHOSE, ON AVAIT LE TEMPS DE TUER SON ÂNE À COUPE DE FIGUES MOLLES.

TOMK!
TOMK!
TOMK!

AVE!

AU NOM DU PRÉTEUR SUELBURNUS, REPRÉSENTANT DE JULES CÉSAR EN CORSE, JE DOIS PERQUISITIONNER!...

RETOURNE DANS LA MAISON, CHIPOLATA.

!

EUH... BON... JE DISAIS QUE AVE, ET QUE, AU NOM DU PRÉTEUR SUELBURNUS REPRÉSENTANT DE JULES CÉSAR EHEHEH!!!!!...

27A

GLOP!

TU AS PARLÉ À MA SOEUR.

AH?... JE NE SAVAIS PAS QUE...

JE N'AIME PAS QU'ON PARLE À MA SOEUR.

TCHAC! TCHAC!

ÇA VA ÊTRE NOTRE FÊTE, LES COPAINS.

27B

31

MAIS...MAIS ELLE NE M'INTÉRESSE PAS VOTRE SŒUR. JE VOULAIS SIMPLEMENT...

ELLE TE PLAÎT PAS MA SŒUR ?

MAIS SI, BIEN SÛR, ELLE ME PLAÎT...

AH, ELLE TE PLAÎT, MA SŒUR !!! RETENEZ-MOI OU JE LE TUE, LUI ET SES IMBÉCILES !

FILEZ! ON VA ESSAYER DE LE RETENIR...

...JUSTE LE TEMPS POUR UNE CHÂTAIGNE DE TOMBER D'UN TABOURET.

ON S'EN VA! ON S'EN VA!

CHIPOLATA! QUE JE T'Y REPRENNE À CONTER FLEURETTE AUX ROMAINS!

281

TIENS? ILS SONT RESTÉS PLUS LONGTEMPS QUE JE NE LE CROYAIS.

ILS ONT EU DE LA CHANCE; IL Y EN A AUTANT QUE TOUT À L'HEURE.

ÇA COURT, ÇA S'AGITE!

ET APRÈS, ÇA S'ÉTONNE DE NE PAS VIVRE VIEUX.

TU SAIS, IL N'Y A PAS DE REGRETS À AVOIR; LE BANDIT AVAIT SÛREMENT DÉJÀ GAGNÉ LE MAQUIS.

HARRFF! HARRFF! HARRFF!

LE MAQUIS? POURQUOI NE L'AVAIS-TU PAS DIT PLUS TÔT? NOUS ALLONS FOUILLER LE MAQUIS!

FOUILLER LE MAQUIS? MAIS IL EST AUSSI FOU QUE SALAMIX, CE TYPE !

TOC! TOC! TOC!

ET CELUI QUI DÉSERTE SERA TRAITÉ COMME IL LE MÉRITE!

ÇA MÉRITE QUOI, UN DÉSERTEUR?

LA CROIX.

28B

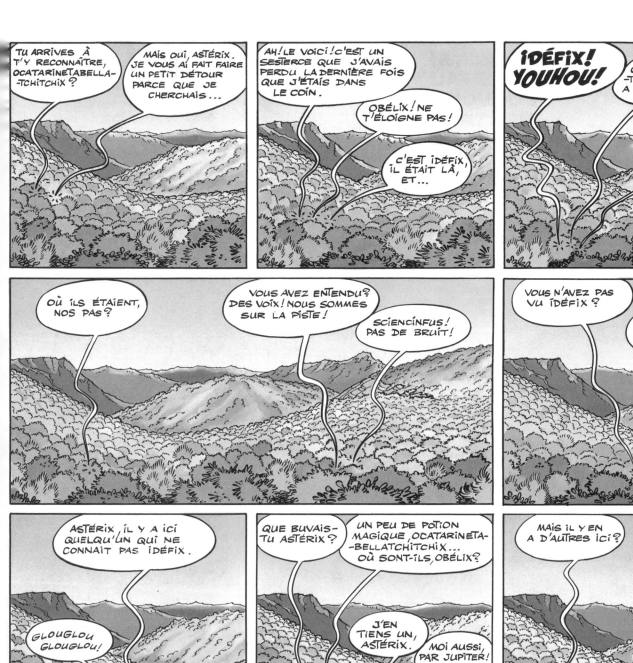

ON RENTRE FAIRE UN RAPPORT AU PRÉTEUR SUELBURNUS ET NOUS REVIENDRONS EN FORCE POUR CUEILLIR CES BANDITS!

IMBÉCILE! ENCORE FAUT-IL POUVOIR RENTRER!

TENONS-NOUS PAR LA MAIN, LES ENFANTS.

PAR JUPITER! ÇA GROUILLE DE COCHONS PAR ICI!

UNE VOIE ROMAINE! QU'ON ME DONNE UNE VOIE ROMAINE!

GROÏNK! GROÏNK! GROÏNK!

LE SOMMET DE LA MONTAGNE...

TIENS! SI TU EN AVAIS CUEILLI AUSSI, JE NE SERAIS PAS OBLIGÉ DE T'EN PRÊTER DES MIENS!

GOURMAND!

NOUS NOUS ABRITERONS DANS CETTE GROTTE.

IL NE NOUS RESTE QU'À ATTENDRE LES REPRÉSENTANTS DES AUTRES CLANS POUR ORGANISER L'ATTAQUE CONTRE ALÉRIA. CEUX DE MON VILLAGE LES ONT PRÉVENUS.

ESPÉRONS QUE LE PRÉTEUR N'AURA PAS LE TEMPS DE METTRE SON BUTIN À L'ABRI.

SCROTCH! SCROTCH!

EN TOUT CAS, IDÉFIX ET MOI NOUS AIMONS LE MAQUIS! C'EST PLEIN DE COCHONS ET DE ROMAINS!

GRF!

DANS LE BUREAU DU PRÉTEUR, À ALÉRIA...

LE FAIT QUE TU SOIS LE SEUL LÉGIONNAIRE CORSE TE DÉSIGNE POUR CETTE MISSION CONFIDENTIELLE. SI TU ME SERS BIEN, TU NE LE REGRETTERAS PAS, SALAMIX!

AH OUAI, OUAI, OUAI.

34

LES CORSES VONT ATTAQUER ALÉRIA POUR PILLER LES ENTREPÔTS...

AH OUAI ?

ALORS, DISCRÈTEMENT, TU VAS DÉMÉNAGER LE CONTENU DES ENTREPÔTS, ET L'EMBARQUER À BORD DE LA GRANDE GALÈRE QUI EST DANS LE PORT...

LA GRANDE GALÈRE, OUAI, OUAI...

POUR CE FAIRE, TU VAS UTILISER LES PRISONNIERS CORSES QUI CONSTRUISENT LA VOIE ROMAINE...

LA VOIE ROMAINE, OUAI, OUAI, OUAI.

EN RÉCOMPENSE DE LEUR TRAVAIL, LES PRISONNIERS CORSES SERONT LIBÉRÉS - MAIS ATTENTION! LA GARNI-SON NE DOIT PAS ÊTRE AU COURANT DE TOUT ÇA!

AH NON?

NON, PARCE QU'UNE FOIS LE NAVIRE CHARGÉ, NOUS NOUS Y EMBARQUERONS ET NOUS QUITTERONS LA CORSE, LAISSANT LA GAR-NISON DÉFENDRE DES ENTREPÔTS VIDES! HÉ, HÉ, HÉ!

HÉ, HÉ, HÉ!

IL FAUDRA TRAVAILLER TOUTE LA NUIT...TU AS COMPRIS ?

EUH...

31/A

NON, NON, NON.

ÇA NE FAIT RIEN. OBÉIS-MOI, ET TU VIENDRAS AVEC MOI À ROME OÙ TU SERAS RICHE ET RESPECTÉ.

AH OUAI ?

LE CHANTIER DE LA VOIE ROMAINE QUI DOIT RELIER ALÉRIA À MARIANA. CHANTIER OUVERT DEPUIS TROIS ANS...

EUH... J'AI DU TRAVAIL POUR VOUS.

NON SEULEMENT TU ES UN RENÉGAT, MAIS EN PLUS TU DIS DES GROS MOTS!

31/B

CETTE NUIT-LÀ, À BORD D'UNE GALÈRE DANS LE PORT D'ALÉRIA...

...ET UNE FOIS LE NAVIRE CHARGÉ, TU LE CONDUIRAS À ROME. JE SERAI À BORD AVEC SALAMIX DONT NOUS NOUS DÉBARRASSERONS EN COURS DE ROUTE...

TOUT DOIT SE FAIRE CETTE NUIT... LA GARNISON NE DOIT PAS SAVOIR QUE JE L'ABANDONNE... ELLE SE BATTRA ET PROTÈGERA MA FUITE...

C'EST PROMIS? APRÈS, VOUS NOUS DONNEREZ LE BATEAU ET VOUS NOUS RENDREZ LA LIBERTÉ?

QU'EST-CE QUI TE PERMET DE DOUTER DE MA BONNE FOI?

PENDANT CE TEMPS...

BON, BEN AU TRAVAIL. IL FAUT PORTER TOUT ÇA À BORD DE LA GALÈRE.

33

VINGT MINUTES APRÈS...

OÙ EST-CE QUE JE METS ÇA?

MAIS À CE RYTHME-LÀ, ÇA VA PRENDRE DES ANNÉES! ET À CAUSE DE LA GARNISON, NOUS DEVONS INTERROMPRE LE TRAVAIL AU LEVER DU JOUR!

VOUS PRESSEZ PAS, LES ENFANTS. NOUS AVONS DES ANNÉES POUR FAIRE LE TRAVAIL... ET LE JOUR, IL FAUT RIEN FAIRE!

J'AI UN COUSIN QUI A UN EMPLOI COMME ÇA DANS L'ADMINISTRATION, À MASSILIA.

33b

ALORS, SALAMIX? TU VAS REPRENDRE TON SERVICE?

AH NON! J'AI TRAVAILLÉ TOUTE LA NUIT.

TOI, TU AS TRAVAILLÉ TOUTE LA NUIT?

ET À QUOI?

AH NON! AH NON! LE PRÉTEUR M'A INTERDIT DE DIRE QUE NOUS VIDONS LES ENTREPÔTS.

COMMENT? LE PRÉTEUR VIDE LES ENTREPÔTS EN SECRET?

IL A L'INTENTION DE FUIR ET DE NOUS ABANDONNER ICI?

QUI VOUS A DIT QUE NOUS CHARGEONS TOUT SUR UNE GALÈRE AVANT QUE LES CORSES N'ATTAQUENT? HEIN? QUI VOUS L'A DIT?

PEU APRÈS...

LE PRÉTEUR! NOUS VOULONS VOIR LE PRÉTEUR SUELBURNUS!

?

QUELLE EST LA CAUSE DE CE VACARME, PAR JUPITER?

35 A

TU VIDES LES ENTREPÔTS!

TU VAS NOUS ABANDONNER FACE AUX CORSES!

ILS VONT ATTAQUER!

QUI VOUS A RACONTÉ TOUT ÇA?

OUI! C'EST CE QUE JE VOUDRAIS SAVOIR! C'EST PEUT-ÊTRE LE CAPITAINE DE LA GALÈRE À BORD DE LAQUELLE NOUS DEVONS FUIR QUI...

TAIS-TOI!!!

MES ENFANTS! LES CORSES NE VONT PAS ATTAQUER! IL NE FAUT PAS CROIRE LES OISEAUX DE MAUVAIS AUGURE!

AUX PORTES D'ALÉRIA...

ICI, NOUS SERONS BIEN.

35 B

ALERTE! ALERTE! DES CORSES! DES TAS DE CORSES SE MASSENT DEVANT LA VILLE!

TIENS, TIENS! JE CROYAIS QUE LES CORSES NE DEVAIENT PAS ATTAQUER?

ON DISCUTERA APRÈS! IL FAUT FAIRE UNE SORTIE, SINON ILS VONT NOUS RENTRER DEDANS!

D'ACCORD, MAIS TU VIENS AVEC NOUS!

NOUS VOULONS ÊTRE SÛRS QUE TU RESTERAS JUSQU'À LA FIN DE LA BATAILLE...

C'EST UNE MUTINERIE! VOUS NE POUVEZ PAS OBLIGER VOTRE CHEF À MARCHER DEVANT!

AH! TOUT DE MÊME!

ÇA NE COMMENCE JAMAIS À L'HEURE!

JE ME SOUVIENS DE L'ÉPOQUE OÙ C'ÉTAIT PERMANENT.

JE NE SAVAIS PAS QUE LE PRÊTEUR JOUAIT AUSSI.

QUI...QUI SONT CES DEUX-LÀ?

JE NE SAIS PAS, MAIS JE N'AIME PAS ÊTRE À LA POINTE DE L'AVANT-GARDE!

CLAPCLAPCLAPCLAP CLAPCLAPCLAP!

JE LES AI AMENÉS POUR LEUR MONTRER CE QUE NOUS SAVONS FAIRE, ET CE SONT EUX QUI NOUS DONNENT DES LEÇONS! EUX, DU CONTINENT!

ON Y VA! ON S'EXPLIQUE-RA APRÈS!

37

TU AS PERDU QUELQUE CHOSE?

LE PRÉTEUR SUELBURNUS... J'AI DEUX MOTS À LUI DIRE.

JE SAIS OÙ IL EST! JE ME RAPPELLE QU'IL VOULAIT FUIR À BORD D'UN NAVIRE!

CONDUIS-NOUS. NOUS LE RAMÈNERONS AVEC OBÉLIX.

OH OUI! OH OUI! NOUS SOMMES TRÈS BONS SUR LES BATEAUX!

PENDANT CE TEMPS, À BORD DU NAVIRE...

...ET PUIS, PENDANT LE VOYAGE, ON PASSERA LE ROMAIN PAR-DESSUS BORD, ET NOUS CONTINUERONS NOTRE ROUTE AVEC LE BUTIN!

LARGUEZ LES AMARRES! LARGUEZ LES AMARRES!

ALO'S? ON LES LA'GUE LES AMA''ES?

PAS SI VITE!

VITE! VITE! LES AMARRES!

D'ABORD, OÙ EST LE BUTIN PROMIS? NOUS N'AVONS QU'UNE TOUTE PETITE AMPHORE EN NOTRE POSSESSION.

CAPITAINE! REGARDEZ!

LES GAU... LES GAUGAU...

LES AMARRES! VITE! LES AMARRES !!!

C'EST CE QUE JE VOUS DISAIS! LES AMARRES!

40

APRÈS QUELQUES MINUTES D'UNE RARE VIOLENCE...

ALORS, CES AMARRES?

OH, CE N'EST PLUS LA PEINE...

VOUS ET VOS ST'ATAGÈMES POU'IS! ON AU'AIT DÛ SE CONTENTE' DE L'AMPHO'E! N'EN FAUT, PAS T'OP N'EN FAUT!

PRÊTEUR! NOUS ALLONS VOUS LAISSER LA VIE SAUVE, À TOI ET À TES HOMMES, POUR QUE VOUS PUISSIEZ RACON-TER À CÉSAR CE QUE VOUS AVEZ VU!

NOUS ALLONS REPRENDRE DANS TES ENTREPÔTS CE QUE TU NOUS AS VOLÉ. ET QUE CELA SERVE DE LEÇON À TON MAÎTRE!

JULES CÉSAR SE VENGERA!

DIS À CÉSAR QUE, QUELLES QUE SOIENT SES AMBITIONS, IL NE SERA JAMAIS EMPEREUR...

POUR QUE LES CORSES ACCEPTENT UN EMPEREUR, IL FAUDRAIT QU'IL SOIT CORSE LUI-MÊME! VA!

OUI!

BRAVO!

GROINNK!

MAINTENANT, EXPLIQUONS-NOUS, OCATARINETABELLA-TCHITCHIX!

FIGATELLIX!

POURQUOI M'AS-TU ACCUSÉ DE T'AVOIR VENDU AUX ROMAINS ?

TU ÉTAIS LE SEUL À SAVOIR QUE JE DEVAIS VENIR DANS TON VILLAGE. ET LES ROMAINS SONT VENUS AUSSI, PENDANT MA SIESTE.

NOUS NE SAVIONS PAS QU'ILS ALLAIENT VENIR. NOUS AVONS PROFITÉ DE TA SIESTE POUR ALLER RAVITAILLER LE COUSIN SQUINOTIX QUI SE CACHE DANS LE MAQUIS DEPUIS TRENTE DEUX ANS À CAUSE DE L'HISTOIRE DE LA GRANDE TANTE DE PLAINDETIX.

JE M'EN SOUVIENS ! LE PRÉTEUR N'A PAS ÉTÉ PRÉVENU PAR FIGATELLIX, OCATARINETABELLATCHITCHIX. IL T'A FAIT SUIVRE, SIMPLEMENT, ET A PROFITÉ DU DÉPART DE FIGATELLIX ET DE SES HOMMES POUR S'EMPARER DE TOI.

PEUT-ÊTRE ... MAIS ÇA NE RÈGLE PAS L'HISTOIRE DE TON ARRIÈRE-GRAND PÈRE QUI N'A PAS VOULU PAYER L'ÂNE QUI ...

ASSEZ !

ASSEZ AVEC VOS VIEILLES HISTOIRES !

VOUS VOUS ÊTES BATTUS ENSEMBLE CONTRE VOTRE OPPRESSEUR, ET VOUS AUREZ ENCORE À VOUS BATTRE POUR RESTER LIBRES, ALORS, SERREZ-VOUS LA MAIN !

CRiiiii

CRiiiii

VIVE OCATARINETABELLATCHITCHIX ! VIVE FIGATELLIX ! VIVE ASTÉRIX ! ON FAIT LA FÊTE ! GROINNK !

42

GAULOIS, NOUS SOMMES HEUREUX D'AVOIR ÉTÉ VOS HÔTES, D'AUTANT PLUS QUE VOUS AVEZ RÉUSSI DES PRODIGES...

BATTRE LES ROMAINS, CE N'EST RIEN, MAIS RÉCONCILIER DEUX CLANS, ÇA, C'EST FORMIDABLE !

PLUS JAMAIS CES LONGUES QUERELLES STÉRILES N'EXISTERONT EN CORSE !

TANT MIEUX... ET MAINTENANT, OCATARINETABELLATCHITCHIX, NOUS ALLONS RENTRER CHEZ NOUS.

QUEL CADEAU AIMERIEZ-VOUS EMPORTER, EN SOUVENIR ?

CE JOLI PETIT CHIEN, LÀ.

OH, FIGATELLIX !

?

AVEC LE COUSIN PLAINDETIX, NOUS AIMERIONS SAVOIR OÙ SE TROUVE TON COUSIN SQUINOTIX. NOUS VOULONS LUI PARLER.

JE NE VOUS LE DIRAI PAS, HERETTIX.

TU LE REGRETTERAS, FIGATELLIX.

IL EST À NOTER QU'À LA SUITE DE CETTE AFFAIRE ASSEZ COMPLIQUÉE, UN DES DESCENDANTS DE LA FAMILLE DES FIGATELLIX A ÉTÉ RETROUVÉ L'ANNÉE DERNIÈRE PAR LA GENDARMERIE NATIONALE. IL SE CACHAIT DANS LE MAQUIS, DERRIÈRE UN MOTEL.

43

LES VOILÀ! ILS SONT DE RETOUR!

ALORS, LES ENFANTS, C'ÉTAIT BIEN LÀ-BAS?

C'EST TRÈS BEAU; IL Y A DE TOUT : DES MONTAGNES, DES FORÊTS, DES TORRENTS, LE MAQUIS...

ET, DEPUIS NOTRE PASSAGE, QUELQUES RUINES ROMAINES TRÈS INTÉRESSANTES!

IL Y AVAIT AUSSI PLEIN DE COCHONS TRÈS SYMPATHIQUES. ET IDÉFIX S'EST FAIT DES TAS D'AMIS...

PAS VRAI, IDÉFIX?

COMME TOUJOURS, LE RETOUR DE NOS AMIS SERT DE PRÉTEXTE À UN BANQUET SOUS LES ÉTOILES... ET IL EST À NOTER QUE CHACUNE DE LEURS EXPÉDITIONS EST UN ENRICHISSEMENT, LES VOYAGEURS ADOPTANT QUELQUES-UNES DES COUTUMES LES PLUS AGRÉABLES DU PAYS VISITÉ.

?

ZZZZ!!

Fin DE L'ÉPISODE

UDERZO & GOSCINNY

4.73

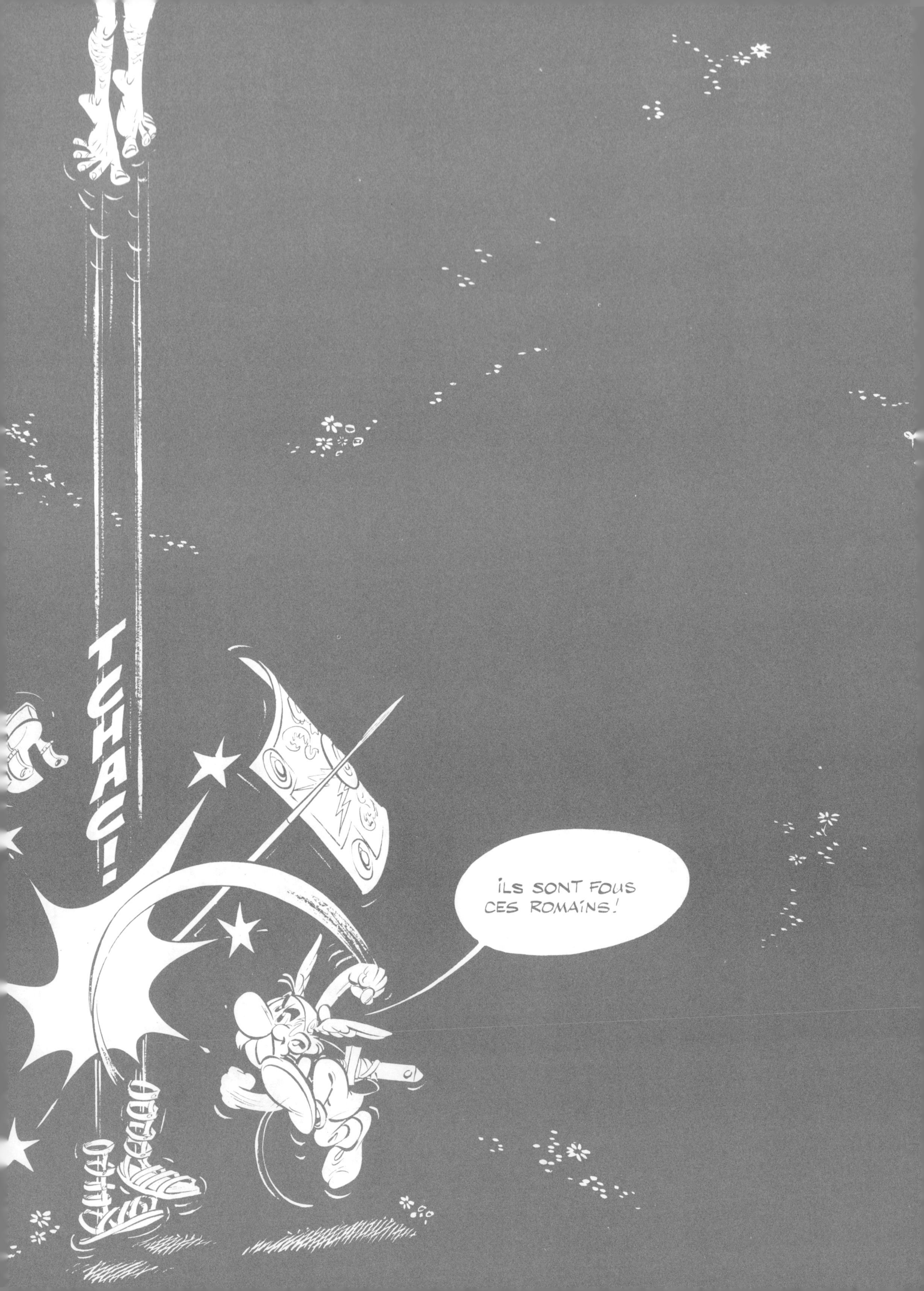
TCHAC!
ILS SONT FOUS CES ROMAINS!